Jóvenes
que desafían
el menosprecio

Un sueño y un soñador,

es todo lo que Dios necesita para conquistar una nación. El sueño y el soñador son como el piloto y el avión; el avión es aplicable al pensamiento, y el piloto al instrumento; ambos son indispensables para llegar a un destino.

ALVARO CENTENO

Jóvenes *que* **desafían** *el* **menosprecio**

De: Alvaro Centeno

Para:_____

Publicado por
ALVARO CENTENO

Derechos Reservados
© 2013 ALVARO CENTENO

Primera Edición 2013

Por ALVARO CENTENO

Título publicado originalmente en español:
JOVENES QUE DESAFIAN EL MENOSPRECIO

Clasificación: Religioso
ISBN 978-1-4507-6990-7

Para pedidos o Invitaciones, comuníquese con:
ALVARO CENTENO
Ministerio JUVENTUD DE IMPACTO
alvarocenteno44@yahoo.com

Produced in USA by
www.holyspiritpub.net
Tel. 214-881-1367

Contenido

Jóvenes
que desafían
el menosprecio

Un libro jamás será un libro sino hay un escritor, y un escritor sin un lector es como el obrero sin el patrón; el obrero es el que trabaja y el patrón es el que paga el salario, ambos se necesitan, para que la humanidad siga su curso diario. No se lee simplemente por leer sino para aprender, la expresión y la meditación conllevan a la comprensión. El que piensa comprende y el lee aprende. De manera que el que rehúsa leer y aprender ahora, no podrá enseñar mañana. Tu mañana es el resultado del ahora, y como dijo alguien por ahí: "No dejes para mañana lo que puedes hacer hoy.

Lee este documento, y medita en él; aquí encontrarás ejemplos que cambiaran tu manera de pensar y actuar, te ayudarán también a alcanzar las metas que parecen imposibles.Estos ejemplos impactarán tu espíritu, y creo firmemente que serán una herramienta en tus manos, para el mejor desarrollo de tu ministerio, y recuerda: "No es sabio aquel que tiene más años, sino aquel que más aprendió en su juventud".

Álvaro Centeno

Prólogo

Un sueño y un soñador es todo lo que Dios necesita para conquistar una nación. Nadie podía pensar que un joven como José, hijo del Patriarca Jacob, menospreciado por sus hermanos, el mismo que fue puesto en una cisterna y vendido como esclavo a precio de veinte monedas de plata, por la envidia y la crueldad de sus mismos hermanos, tentado y traicionado por una mujer hermosa, esposa de su amo y señor Potifar (capitán de la guardia egipcia), de la cual escapó dejándola burlada y alborotada, para mostrarle al mundo que es mejor el respeto y la moral, antes que un rato de placer ilícito.

Tras haber huido de la tentación, su dueño Potifar le metió en una cárcel sin importarle el destino del joven hebreo; persuadido por la vil mentira de su esposa, el capitán pensó terminar con la vida de José, pero Dios que es grande en su miscricordia, que cumple su pacto con los que le temen, realizó su plan divino; sacó a José de la cárcel y lo llevó a Egipto donde fue constituido gobernador y señor de todos los bienes del reino, y de aquella nación a la que años antes, había llegado como esclavo.

La historia se repite. Nunca el mundo imaginó que un hombre nacido de la raza negra, aunque su madre fue una mujer blanca, su padre era uno más de la descendencia de los miles y miles de esclavos, marginados por los americanos blancos hasta los tiempos de Abraham Lincoln.

¿Quién pensó jamás que Barack Obama derrotaría al senador John MaCain en las elecciones de Enero del 2009, y se convertiría en el presidente número cuarenta y cuatro de los Estados Unidos de América? Todo es posible cuando te atreves a soñar y persistir hasta lograrlo. La gracia de Dios no tiene límites. Un sueño y un soñador es todo lo que Dios necesita para conquistar una nación.

En medio de los tiempos de crisis, de guerra, de hambre, huracanes, tormentas, crisis política, social y económica, etc., Dios es experto en levantar jóvenes como David, Daniel, Los tres hebreos, Abisai, hijo de Sarbia, Nehemías, Sansón, Josué, Pablos y Timoteos. Hombres que vencieron las indiferencias, obsesiones o prejuicios, y confiaron en Dios y se atrevieron a soñar hasta lograr lo que ni el mundo, ni aquellos que los vieron crecer, jamás les darían.

El segundo mandamiento según la gracia es, amarnos a nosotros mismos; y si en verdad nos amamos a nosotros mismos, amaremos también a nuestro prójimo. Doy gracias a Dios por la vida de Álvaro Centeno, por la sagacidad y el atrevimiento de creer que Dios puede levantar del polvo a aquel que ha sido despreciado y desechado, a pesar de las diferencias y supersticiones que viven nuestros jóvenes cristianos. El evangelista *"Álvaro Centeno"* ha sido un hermano y amigo personal, y es para mí una iluminación más, ver ésta obra realizada por manos e inspiración del hermano Centeno.

Nadie nace aprendido. El apóstol Pablo dice en una de sus cartas que el que profetiza o anuncia, lo hagan por dos o tres palabras, y por turno, y los demás juzguen; para que todos aprendan y sean enseñados (1Cor. 14:29). De manera que el ser un evangelista o predicador del evangelio debe de tener un comienzo, y como dijo alguien por ahí: *'El que nunca comienza pues nunca termina".* Yo personalmente admiro y agradezco a Dios por jóvenes como el hermano Centeno, que un día como hoy, se atrevieron y decidieron empezar.

¡Éxito!

José Martínez Flores

Pastorjosem@verizon.net

11

Agradecimientos

Con todo el amor de mi Corazón, le doy gracias a mi Dios primeramente, por este sueño hecho realidad. Es también para mí un gran privilegio el poder escribir esta obra y presentarlo a todos mis hermanos en Cristo, y a cada uno de los amigos que se encuentran en derredor del mundo. Que Dios alcance las almas, y fortalezca a muchos a través de las palabras impresas en este documento.

Agradezco a todo el pueblo de Dios y amigos en general, por su aportación y comprensión. Tratamos de hacer lo mejor para cada uno de ustedes. Ya que Dios nos ha entregado esta gran comisión y sobre todo, de cumplir con nuestra labor de impartir o testificar lo grande que ha sido Dios con cada uno de nosotros.

Cuando se derramó la gracia sobre el mundo entero, se derramaron también los dones y talentos, ministerios y virtudes diversas, para que juntos como un solo cuerpo, anunciemos y salvemos a esta humanidad que se pierde y se hunde cada día más en el pantano cenagoso del pecado. Nuestro propósito no es engrandecernos a nosotros mismos, sino engrandecer al único que merece ser engrandecido o enaltecido, en los cielos y la tierra, y en todo el universo mismo, a Jesús nuestro Señor, y Salvador.

Agradezco a todos aquellos que con su amistad incondicional y con un corazón sincero han mostrado su madurez y, antes de criticarme, han puesto en mi espíritu una palabra de bendición y motivación, y que también han orado por mí, y me han ayudado a cruzar el túnel de confusión e inseguridad, y de confrontaciones y menosprecios que enfrentamos los jóvenes cristianos en este siglo veintiuno.

Y desde las páginas impresas en este libro, agradezco a todos aquellos que ya sea por amor, contribución, curiosidad, intereses personales, misericordia, reconocimiento, por costumbre o por iluminación espiritual, o cualquier otra razón, contribuyen con el ministerio que Dios ha puesto en nuestras manos; comprando una o más copias de este documento; y de esta manera se cumplan otra vez más, las palabras del apóstol Pablo: *"Aunque yo esté preso, pero la palabra o la revelación de Dios no está presa"*, esto es lo mismo que: aunque estemos encerrados, limitados, reducidos, despreciados, inmóviles, enfermos o imposibilitados; la gracia, el poder y la misericordia de Dios, sigan corriendo por el mundo entero.

Ese es o debería de ser el propósito original de todo escritor cristiano, cantante, predicador, evangelista, pastor, maestro, misionero, etc., cumplir con la gran comisión de llevar las virtudes de Dios al mundo entero, usando todos los medios posibles, aún en contra de todo lo que venga y se oponga, pero que el nombre de nuestro Señor y Salvador Jesucristo, sea reconocido, engrandecido, enaltecido, respetado y glorificado. Amén

Introducción

Alguien dijo que la salvación es gratis pero todo lo que se requiere en este mundo después de la salvación, demanda un precio; en verdad yo estoy de acuerdo con esa declaración. Hace algunos años conocí a una persona con un deseo ardiente en su corazón de desarrollar su talento, dentro y fuera del templo al que asistía regularmente, pero se sentía tan falto de preparación de tal manera que lo veía como algo imposible.

La historia de esta persona posiblemente sea la misma de miles y miles de jóvenes alrededor del mundo. En realidad, son muchos los que se sienten estimulados a poner su mano en el arado y comenzar un ministerio, pero esto no se trata de querer, sino de ser llamados, y responder.

Hay una palabra que me inspira, y cuando la lco me llena de esperanza, son las palabras del apóstol Pablo cundo dijo, que el buen querer y el hacer su buena voluntad, provienen de Dios. De manera que las dos cosas son posibles, si nos relacionamos con Él. Así que no hay tiempo que perder; ha llegado el momento de quemar el arado, el yugo de la tradición y conformismo, y comencemos actuar diferentes; respondamos como escribió el profeta: *"Heme aquí, envíame a mí".*

Existe un ejemplo muy impresionante que cada vez que lo leo me inspira cada vez más, es el ejemplo de un joven llamado Gedeón. La historia registra que éste hombre era procedente de una familia extremadamente pobre, y lo confirma cuando Gedeón quiso excusarse para no ir a la guerra. Las palabras de Gedeón fueron: *"He aquí que mi familia es pobre en Manasés, y yo el menor en la casa de mi padre"*. Este joven parecía tener una buena excusa, pero las palabras del Ángel continuaron persuadiendo y contrarrestando la actitud y la duda del joven.

El Ángel se dirige a Gedeón con estas palabras: *"Varón esforzado y valiente, Jehová está contigo"*. Estas mismas palabras siguen sonando en el corazón de muchos jóvenes que se encuentran claudicando entre dos pensamientos; quiero decirte que desde los tiempos, hasta este tiempos, Dios siempre ha actuado con esta particularidad, apareciéndosele a mucha gente en los momentos más difíciles de sus vidas, usando lo poco para hacer lo mucho; a los más viles, lo menospreciado, lo débil, lo que no es, para deshacer lo que es (1Cor. 1:27).

Pero nuestra manera de pensar nos hace sentirnos prisioneros de la imposibilidad y la debilidad; algunas veces por las circunstancias que nos rodean, otras, por la falta de preparación o por nuestra pobreza económica. Hay muchos valores por lo que el hombre es bien visto delante de la sociedad, pero el más notable e incuestionable es, el valor económico. Hay una expresión muy común en el mundo que dice: "Tanto tienes, tanto vales".

Pero cuando se manifestó la gracia de Dios a través de Jesucristo, pasó por sobre toda justicia humana, superioridad, autosuficiencia y altivez de espíritu, y engrandeció a los humildes, los débiles, pobres e indoctos; y todo aquel que se ha acercado a Él con fe, jamás ha sido avergonzado. Cuando te sientas débil, recuerda: Aférrate y expresa cuantas veces sea posible, las promesas que se te fueron entregadas a través de la gracia en nuestro Señor Jesucristo, y pronto sentirás una fuerza interior dentro de ti. Cada vez que hagas ese ejercicio, entre más lo repitas, tan pronto dejarás de ser contralado por las circunstancias que te rodean, y serás tú, el que tendrá el control.

Desde los tiempos de David hasta el siglo veintiuno, ha sido y será difícil, para los pastores y líderes, y aún para los hombres como Samuel, profetas de Dios, creer en los ministerios muy jóvenes. Por esta razón, hay que estar conscientes y dispuestos a enfrentar los mismos retos y desprecios que cruzaron los hombres del ayer, como: Jacob, José, Moisés, Josué, Gedeón, David, Daniel, los tres hebreos, etc.

El mismo Samuel, aún siendo profeta, tropezó con la unción; mientras estuvo a punto de ungir a un hijo de Isaí, quien Samuel consideraba que sería el indicado para ser el rey de Israel según la ley, estuvo a punto de derramar el cuerno de aceite sobre él, pero Dios, que no mira según los hombres, que conoce el corazón y la intención de cada uno, le dio una lección tremenda.

La historia registra que aquel a quien Dios había escogido, era un joven que para muchos en aquel tiempo no le era permitido aún, por la ley, enlistarse ni siquiera como un soldado del ejército israelí, pero Dios sorprendió al mundo de aquel entonces, y aún está dispuesto hacerlo en éste siglo. El apóstol Pablo expresó unas palabras tan poderosas que todavía siguen vivas en el corazón de miles y millones de cristianos en el mundo entero, que dice: *"porque lo necio del mundo escogió Dios para avergonzar a los sabios, lo vil del mundo, lo menospreciado, y lo que no es, para deshacer lo que es, afín de que nadie se jacte en su presencia"* (1Cor. 1:27ss).

Mientras vayas profundizando en las páginas de este libro, te darás cuenta que la historia se repite constantemente, y aquellos que pensaste que serían tus mejores aliados y colaboradores se convirtieron en los peores críticos e incrédulos de lo que Dios podía hacer contigo; pero de repente Dios aparece por donde menos esperas, y donde tú menos sembraste, de ahí, apareció tu cosecha o tu recompensa.

Ahora entiendo un poco más la expresión del Señor hacia aquel hombre a quien le dio el talento y lo enterró, la expresión de Jesús fue: *"Si sabías que era hombre duro, que cosechaba donde no sembraba, y recogía donde no esparcía": ¿por qué entonces, en vez de poner el talento en los banqueros te portasteis inútilmente y lo enterrasteis?* El Señor no lo reprochó por la expresión sino por la acción. En muchos aspectos de la mayordomía y administración Él es así; recoge donde no esparce, y siega donde no siembra.

¿Por qué tendría que ser así? Esa misma pregunta me la he hecho yo mismo por muchas ocasiones, y he llegado a una conclusión: que Dios permitió que fuese de esta manera, para que nuestra fe fuese fijamente en Él y le sirviéramos sin esperar de los hombres nuestra recompensa. Hizo notoria la inconstancia o variación, la debilidad e incapacidad de los hombres, para que su gracia, su perfección, su poder y su grandeza fuesen manifiestos.

De ahí que de repente nos encontramos con personas a quien nunca le habíamos regalado nada, y de repente te bendicen de una manera increíble. Aquellas personas a las que un día te entregaste en cuerpo y alma, sirviéndoles con amor y dándoles de los mejor de tu vida, fueron a las que nunca, volviste a ver. Por otra parte, ha sucedido lo contrario; cuando por alguna razón te has encontrado en una circunstancia difícil de tu vida, apareció alguien en quien menos estabas pensando y de quien jamás imaginaste que cosecharías un presente o un gesto de amor, pero increíblemente, ahí estaba el favor que tú esperabas.

Me he encontrado con muchas personas a quien Dios ha levantado con un ministerio extraordinario, y me han manifestado que los primeros en echarle tierra fueron aquellos mismos que lo vieron crecer, espiritual o intelectual (esto sucede también muy a menudo dentro de círculo genético o familiar), pero de repente se encontraron a alguien que no era ni de su familia de carne, ni mucho menos espiritual, y esa persona fue el enviado por Dios para apoyar, y levantar sus ministerios.

Estoy empezado a comprender más claramente el por qué la crítica, la envidia y la traición de los hermanos de José, pero existes otros ejemplos tales como: ¿Por qué el rey Saúl perseguía a David quien lo había amado tanto y le había sido de gran bendición en su reinado? La historia describe también que aún los mismos hermanos de David le salieron al encuentro allá en el desierto, para desafiarlo, contrarrestarlo y desanimarlo, menospreciándolo con palabras como: ¿Acaso un niño como tú podrá pelear contra ese gigante, siendo él un hombre de guerra? ¿Qué hace aquí un simple pastorcillo de ovejas? Esos ejemplos no están ahí por casualidad, son historias que revelan más de una verdad y habría que prestarles más atención.

Los hermanos de David continuaron insistentemente con estas palabras: *¡conocemos tu malicia!* ¿Dónde dejaste aquellas pocas ovejas que nuestro padre te encargó? Expresiones como esas son tóxicas contra el espíritu de aprendizaje y superación; son venenos que destruyen los nuevos príncipes, reyes y sacerdotes; un predicador les llama: "bombas binlademicas"; llenas de envidia, egoísmo y egocentrismo; expresiones sarcásticas derivadas de la amargura, del odio, superioridad, fariseísmo, autosuficiencia y de la arrogancia.

Todo eso es como un cáncer que carcome lentamente el corazón de aquellos que se creen saberlo todo, y nunca creen que Dios puede confiar y levantar a alguien como lo hizo con muchos hombres del ayer; y confió en ellos, y los levantó con poder, para que ahora estén ocupando un lugar especial dentro del canon sagrado y del cuerpo de Cristo.

Así que, lamentable, o afortunadamente, siguen vivas las palabras del Señor cuando dijo: *"No hay profeta sin honra, sino en su propia tierra"*. Esto hablaba Jesús mientras estaba siendo rechazado por su mismo pueblo, y aun, por sus mismos hermanos.

Los capítulos siguientes, son un ejemplo más de los hombres del Antiguo y del Nuevo Testamento, que a pesar de sus debilidades, se levantaron con poder aún en medio de circunstancias trágicas tales como: desprecios, insultos, humillaciones, pobrezas, crisis política y social, hambres y pestilencias, persecuciones y devastaciones, peligro y espada.

Fueron expuestos hasta la muerte, despreciados aún de su misma raza, su misma casa, sus esposas, sus hermanos, etc., pero no se dieron por vencidos. Miraron al blanco, se mantuvieron firmes, y fueron capaces de quemar el arado, al igual que el profeta Eliseo. Transformaron la bandera de luto por una de paz y alegría, fueron capaces de borrar las marcas y los errores del pasado, aferrándose ciega y apasionadamente al Dios que los había llamado; lo soportaron todo, sólo para alcanzar aquello que tanto anhelaban, y cumplir así, con el supremo llamamiento.

CAPÍTULO
UNO

EL JOVEN JOSÉ

"Y él les dijo: Oíd ahora este sueño que he soñado: 7 He aquí que atábamos manojos en medio del campo, y he aquí que mi manojo se levantaba y estaba derecho, y que vuestros manojos estaban alrededor y se inclinaban al mío. 8 Le respondieron sus hermanos: ¿Reinarás tú sobre nosotros, o señorearás sobre nosotros? Y le aborrecieron aun más a causa de sus sueños y sus palabras. 9 Soñó aun otro sueño, y lo contó a sus hermanos, diciendo: He aquí que he soñado otro sueño, y he aquí que el sol y la luna y once estrellas se inclinaban a mí."
Génesis 37:6-9 (Reina-Valera 1960)

¡No te des por vencido!
Porque ni aun el diablo que
ya fue vencido, todavía
sigue luchando. El darse
por vencido es como estar
ha lado del que ya fue ven-
cido; pero si aquellos que
ya fueron vencidos aún si-
guen luchando ¿Cuánta más
razón tenemos los que esta-
mos de lado del vencedor?

La historia registra en el libro de Génesis capítulo treinta y cinco versículo veintidós y veinticuatro, que Jacob tuvo doce hijos; y relata claramente que el joven José era hijo de Raquel, esposa de Jacob, hija menor de Labán; su hermano menor se llamaba Benjamín, y su medio hermano, hijo de Lea, se llamaba Rubén; el mismo que estuvo presente y fue el causante de la idea para que a José lo metieran en la cisterna, con el fin de poder librarlo de las manos de sus mismos hermanos y hacerlo volver a su padre, pero fue imposible.

Pero como decimos los cristianos: "Nada sucede por casualidad. En Cristo no hay casualidades". Dios tenía un plan para el joven soñador, y aquí podernos replicar las palabras o el dicho común de los ancianos de mi pueblo: "No hay mal que por bien no venga". José es el protagonista de esta historia, y un protagonista o autor necesita ya sea de manara directa o indirecta, la participación del bien y del mal, de los que están a favor o en contra, a tu lado o en derredor, al frente o atrás, etc., para exponer o demostrar claramente, la eficacia o la excelencia, ya sea del promotor o director o de aquel que ha sido llamado para ser el campeón.

Eso es precisamente lo que suele suceder con aquellos que han sido llamados por Dios. No es el que el mal pueda o pretenda ser más que el bien, ni que las tinieblas puedan más que la luz, o que el mal haya vencido al bien, sino que Dios espera que salga primero el retador, para mostrar quién es Él campeón.

Eso mismo pareciera haber sucedido cuando apresaron a Jesús y lo llevaron hasta el Gólgota. Mientras lo humillaban o lo golpeaban, parecía simplemente un forastero, como lo dijeron los dos hombres que iban para Emaús; pero cuando se levantó de los muertos y se manifestó al mundo, ya no era un simple retador, ni mucho menos un extraño, sino que tomando posesión de las naciones, y asentando sus pies en el monte de los olivos declaró su posición y su derecho, reafirmando y fortaleciendo a sus discípulos con estas palabras: *"...todo poder me es dado en el cielo y en la tierra; Por tanto, id, y haced discípulos a todas las naciones..."*. *(San Mateo 28:18,19)*. Eso es lo mismo que: *¡Yo soy el campeón!*

¡No te des por vencido! Porque ni aun el diablo que ya fue vencido, todavía sigue luchando. El darse por vencido es como estar ha lado del que ya fue vencido; pero si aquellos que ya fueron vencidos aún siguen luchando ¿Cuánta más razón tenemos los que estamos de lado del vencedor?

El diablo y su caravana ya fueron vencidos; y el que los venció, está con nosotros; le dicen, El Vencedor. El Campeón de campeones. El que Era, el que Es, y El que ha de venir.

EL SUEÑO DE JOSÉ

(Génesis 37: 6-9)

"Y José sonó un sueño y lo contó a sus hermanos, pero ellos le llegaron a odiar a aún más". El odio es tan dañino como la envidia, quizá el uno es derivado del otro; pero no hay duda que la envidia conlleva al odio, y cuando tú o alguien empiezan a envidiar a una persona, tarde o temprano, terminarás odiándola. De

manera que estos dos tóxicos, tomados de la mano, terminan formando una raíz de amargura en el corazón del ser humano; y por último, sino hay un perdón o liberación, producen un crimen o un infarto.

La envidia fue la causa por la que los hermanos de José llegaron a tal grado de querer matarlo, pero finalmente convinieron en venderlo como esclavo; fue entonces, que "este Joven", fue puesto en manos de unos comerciantes ismaelitas, quienes lo compraron por veinte monedas de plata y lo llevaron a Egipto. Todo esto sucedió después de haber revelado y manifestado, sus intenciones y deseos.

El diablo y su caravana ya fueron vencidos; y el que los venció, está con nosotros; le dicen, El Vencedor. El Campeón de campeones. El que Era, el que Es, y El que ha de venir.

¿Qué, en verdad, es un sueño? Un sueño se pudiera definir como una pesadilla, fantasía, espejismo, ilusión, visión, etc., Pero yo pudiera interpretarlo como un pensamiento o idea que reposó en la mente de alguien ya sea que estuviere durmiendo o despierto, una imaginación consciente de un intenso deseo por lograr algo que tanto anhelas en la vida, una proposición intensa de lo te has propuesto alcanzar, ya sea que haya venido de arriba, o de abajo, de tu pastor, maestro, tutor, hermano, amigo, lo hayas escuchado o leído, etc.

Alguien dijo por ahí que sólo el que no sueña nunca logra algo. Puede que tenga razón, porque un seño ha sido el comienzo para miles y miles de héroes; triunfadores, estrellas, conquistadores, oradores, escritores, científicos, astronautas; ricos y millonarios, empresarios, y grandes administradores como José, quien fue capaz de conquistar toda una nación. Un sueño fue para ellos como una espina punzante que se clavó en sus corazones, para llegar tan alto y formar parte de los hombres que marcaron la historia. Todo esto, fue la causa de un sueño, inspiración o anhelo que reposó y se apoderó de ellos hasta lograr lo que tanto anhelaban.

El sueño del joven José ha sido uno de los motores espirituales para miles de, y no cristianos, que los ha impulsado a la cima, aun en contra de las diferencias espirituales, sociales, académicas e intelectuales, no importando la subestimación de aquellos mismos que los vieron crecer; pero que movidos e impulsados por lo que un día fue revelado a sus mentes, se lanzaron sin temor hasta lograr el éxito.

Si en los tiempos en que vivimos, alguien soñara con doce manojos de zacate o paja, o de la manera que fuere, creo que nadie pusiese tanta importancia ni razón o motivo de superación; ni mucho menos para creer que un manojo de paja sea el fundamento o el principio de un trono; ya que el mundo de hoy está viviendo la fantasía o revolución de la tecnología moderna; para un José del siglo veintiuno, un manojo de zacate, es, a lo que menos le prestaría atención.

Muchos jóvenes de hoy esperasen soñar por lo menos con un carro del año o ya sea una computadora último modelo o el Ipod que está en estreno. Otros quizá anhelarían soñar con un millón de dólares, o con un ticket de lotería millonario, otros quisieran soñar que están comprando cash una casa formidable y vivir fuera del disturbio. Muchos jóvenes esperarían soñar que se están casando con la muchacha más bonita de la iglesia, y aunque ellos no estuviesen ni a la altura por lo menos el diez por ciento del físico de la joven, pero existen tantas cosas donde enfocar los sentimientos y lo que menos se esperaría es que alguien sueñe con un simple "manojo de paja".

Pero en los tiempos de José, el estar en el campo atando manojos de zacate era lo que comúnmente se hacía, y por lo general Dios hablaba o se revelaba de acuerdo a la condición y al pensamiento o el entendimiento de los hombres. Cualquiera que haya sido el elemento o el argumento que reposó en su espíritu pero el joven estuvo dispuesto a creer que de lo más vil o insignificante Dios puede hacer un príncipe o un rey. Se me revelan nuevamente las palabras del apóstol Pablo cuando dijo que lo necio del mundo escogió Dios para avergonzar a los sabios, lo vil del mundo, lo menospreciado, lo que no es, para deshacer lo que es; pero lo hizo con un propósito, a fin de que nadie se jacte en su presencia (1Cor.1:27).

Pero lo más impresionante concerniente al sueño de José es, que en los tiempos que vivimos quizá nadie pudiera creer y aferrarse a un simple manojo de paja y perseverar hasta convertirse en el cenador más honorable de la corte suprema de la casa blanca. Pero qué bueno que desde los tiempos hasta los tiempos han existido hombres que son capaces de creer que de una hormiga Dios puede hacer un gigante; porque a menudo sucede lo contrario, existen millones en el mundo que cuando sueñan con demonios o cualquier otro fantasma, esa revelación o pensamiento les queda sembrado en la cabeza y se apodera de ellos, que viven hablando del miserable sueño macabro toda una vida; y lo peor es que el miedo que se infiltró en sus corazones, son capaces de transmitirlo a los mismos hermanos de la iglesia donde se congregan.

Este tipo de personas son propicias para creer y hacer de un demonito miserable lustra botas, un gigante invencible o exterminador, aun de su mismo espíritu positivo; son personas que se desarman solos, alimentan el mal más que el bien, lo negativo antes que lo positivo, lo miserable antes que lo increíble, lo sucio antes que lo limpio, lo profano antes que lo divino, etc. Pero yo pienso en las mismas palabras del Señor y del apóstol Pablo que suenan de la siguiente manera: *"Todas las cosas son puras para los puros, mas para los corrompidos e incrédulos nada les es puro; pues hasta su mente y su conciencia están corrompidas. El hombre bueno del buen tesoro de su corazón saca lo bueno; y el hombre malo, del mal tesoro de su corazón saca lo malo; porque de la abundancia del corazón habla la boca"* (1Ti. 1:15; Luc.6: 45).

JOSÉ EN LA CISTERNA

Sucedió, pues, que cuando llegó José a sus hermanos, ellos quitaron a José su túnica, la túnica de colores que tenía sobre si; y le tomaron y le echaron en la cisterna; pero la cisterna estaba vacía, no había en ella agua <u>(Génesis 37:23,24).</u>

La cisterna figuraba para José un golpe fatal. Si pensamos en lo que significa una cisterna, el significado que encontramos en el diccionario es, pozo. Un pozo es lo mismo que un agujero en la tierra, y lo que menos podía imaginar el joven soñador era, que sus mismos hermanos lo metieran a una cisterna, eso era algo totalmente diferente a lo que días o años antes había soñando; pero a pesar de la traición y la humillación, el joven sabía que el Dios de su padre Jacob, era poderoso para sacarlo del corazón de la tierra, y convertirlo en un príncipe.

Yo imagino a José hablando de esta manera: Aunque estoy en este pozo cenagoso, pero mi Dios es poderoso para levantarme, sacarme de aquí y cumplir en mí su propósito; aunque estoy metido en esta cisterna, pero por la fe, soy un príncipe; aunque mis hermanos digan lo contrario pero, soy bendito por Jehová, Dios de los ejércitos; Él peleará mi batalla y estará con migo hasta que mi sueño se cumpla; aunque mis hermanos se burlen de mi y crean que soy solamente un soñador ilusionado, pero lo que he visto con mis propios ojos mientras dormía se cumplirá en el día que mi Dios actúe —

La cisterna figuraba para José un golpe fatal. Si pensamos en lo que significa una cisterna, el significado que encontramos en el diccionario es, pozo.

Aunque por el momento estoy sucio por este maldito lodo en la cisterna, pero yo, no veo el lodo ni la tierra que esta sobre mí, veo una corona en mi cabello, que significa poder, dominio y principado; no me importa si mi cabeza está llena de lodo, y mis labios con el deseo de una gota de agua y de un bocado de pan, pero un día seré el dueño de los graneros y los tanques de agua de toda una nación; no importa si aun mis propios hermanos se sonrían o se burlen de mí mientras estoy en el fondo de la desesperación y la prueba, pero yo sé que el que ríe de último, ríe mejor, etc. Mientras sus hermanos pensaban que el joven hebreo se daría por vencido, el Dios que sabe socorrer a sus elegidos confortaba el alma del soñador.

Si nos metemos a la mente de los hermanos de José, se revelan aquellos dos hombres que se llamaban Sanbalat y Tobías. La historia registra que mientras Nehemías y sus hombres se esforzaban para construir el muro y lograr el sueño que ardía en sus corazones, estos dos malévolos y enemigos del bienestar común, llenos de envidia y egoísmo, alardeaban; y confesaron con sus labios ponzoñosos, que una sorra desbarataría y acabaría con la aspiración y el deseo de Nehemías y de sus hombres. Sin duda alguna, esos mismos pensamientos pudieron haber pasado por la mente de los hermanos de José.

Si hiciéramos un drama de sus algarabías, me imaginó a todos ellos, formando un círculo, chistando y burlándose del joven soñador, y diciendo: Hasta aquí llegó su ilusión. ¡Mira cómo está el que decía que iba a llegar a ser nuestro jefe! Me parece escuchar sus gritos diciendo: ¡Hey, soñador! ¡Haber cual será el próximo sueño que has de revelarnos! ¡Asegúrate que el manojo te sirva de cabecera mientras llega la noche! ¡Ojalá y tengas muchos sueños más! ¡Cuidado y se te prende el manojo mientras te fumas el cigarro y te quedes sin cabecera! ¡Asegúrate que el manto que te dio nuestro padre Jacob te cubra del frio al llegar la madrugada! Etc. Estas y muchas expresiones más, pudieron haber salido de los labios tóxicos y ponzoñosos de aquellos que lo querían ver destruido.

Pero el Joven optimista, arraigado en aquello en lo que había puesto su intención, seguía latiendo constantemente dentro de su corazón. Él sabía que después de la humillación viene la exaltación, después de la tempestad viene la calma, después de la herida viene el bálsamo; porque el mismo que permite la llaga, Él también la vendará.

José sabía que las grandes victorias demandan grandes batallas, y que un gran talento demanda una gran responsabilidad. El estaba dispuesto a enfrentar los retos presentes y aun, los que vendrían por delante.

La historia continua y dice: *"Y se sentaron a comer pan; y alzando los ojos miraron, y he aquí una compañía de ismaelitas que venía de Galaad, y sus camellos traían aromas, bálsamo y mirra, e iban a llevarlo a Egipto. Entonces Judá dijo a sus hermanos: ¿Qué provecho hay en que matemos a nuestro hermano y encubramos su muerte? Venid, y vendámosle a los Ismaelitas, y no sea nuestra mano sobre él; porque él es nuestro hermano, nuestra propia carne. Y sus hermanos convinieron con él (Gén 37. 25:2-27).*

JOSÉ EN MANOS DE LOS ISMAELITAS

Cualquiera es libre para pensar que Dios es injusto con los que le temen, y el poner o permitir que José, hijo de un hombre a quien Dios mismo había jurado que estaría con él, sería un golpe fatal en el corazón de su padre Jacob. El darse cuenta que sus mismos hermanos, hijos del mismo padre, fueron capaces de vender a su propio hermano, sería inconcebible. Ellos conocían el temor de Dios, su padre les engendró el conocimiento de aquel Dios que se le apareció en Bet-el.

Pero a pesar de todo, sus hermanos seguían empecinados en el desenfreno de sus mentes y sus corazones ponzoñosos, y como si la suerte estuviera a su favor de ellos, aparecieron de repente aquellos que ayudan al mal, una compañía de ismaelitas, su plan maquiavélico pereciera haber sido ingeniado por Albert Einstein. La cadena infernal del odio y la envidia se iba formando lentamente, mas ellos no se daban cuenta que el Dios de Israel, el Dios de los justos, de los pobres en espíritu, de los que lloran, de los que sufren persecución, de los de limpios corazón, de los que confían en Él, etc., a los trucos y patrañas del diablo traicionero y engañador, los convierte en propósitos divinos.

Por un instante pereciera que las tinieblas están prevaleciendo contra la luz, José cae prisionero en manos de los ismaelitas, pero como lo refiere el aposto Pablo: *"Todas las cosas suceden para bien, a los que aman a Dios, aquellos que conforme a sus propósitos han sido llamados"* (Rom.8:28). Esos comerciantes, sin darse cuenta, eran solamente un instrumento más, para que el soñador se acercase cada vez al cumplimiento de las promesas, quizá pensaron por un momento en el negocio o en el precio y la ganancia que les daría el esclavo hebreo; pero el soñador sabía que el tentador no tiene permiso nada más que para tentar, tentar o probar no es exterminar, Dios le dio permiso solamente para que tentara o probará a sus ungidos, nada más.

Santiago lo refiere de esta manera: "Bienaventurado el varón, que soporta la *tentación*; porque cuando haya resistido la *prueba*, recibirá la corona de vida...". (Sgo1: 12) Pedro lo remata con estas palabras: *"...aunque por un poco de tiempo, si es necesario, tengáis que ser afligidos en diversas pruebas, para que sometida a prueba vuestra fe, la cual es más preciosa que el oro...". (1P. 1:6,7).* Cuando a alguien se le pide o se le autoriza que pruebe algo, si en este caso fuese un carro nuevo, simplemente lo manejará una o dos milla o quizá unos pocos minutos, y, si se tratase de probar el sabor de una comida, ya sea que este en promoción o se necesite de nuestra opinión, pues simplemente tomaríamos un poquito, o quizás le haríamos como usualmente le hacen los cocineros para saber cómo está su comida del día, simplemente le meten el dedo o toman un poquitito de comida e inmediatamente sabrán si le falta sal u otro condimento..

Pero en ninguna manera y casi nunca se sientan a comer con toda la comida servida o se terminan toda la comida que está en el plato; tampoco el jefe se lo permitiría a no ser que se trate del tiempo de su almuerzo, pero ahí no se aplicaría el termino probar sino comer o terminar por completo.

> *José sabía que las grandes victorias demandan grandes batallas, y que un gran talento demanda una gran responsabilidad.*

Al tentador de nuestras almas, se le prohíbe absolutamente que de forma intrusa se convierta en un exterminador, porque entonces ya no sería un tentador. Por esta razón es que cuando Dios le da permiso a Satanás de tocar o probar a su siervo Job, se resume de la siguiente manera: "Te doy permiso que toques esto, u lo otro, que lo tientes, que llegues hasta aquí o allá, etc., pero no puedes tocar su alma…". Dios permite que lo pruebe o que lo tiente, simplemente para demostrar la fidelidad de su siervo Job, y la alusión y la mentira de Satán.

El dilema no radica tanto en la facultad del tentador sino en que nosotros le otorguemos o le permitamos un título que no le corresponde, y en vez de llamarlo como un tentador o alguien que sólo tiene el permiso de probar la comida le llamemos o lo respetemos como el exterminador o el dueño del restaurante.

De hecho el hombre tiene la tendencia de exaltar más las obras del mal antes que las obras del bien, en vez de hacer los contrario; he escuchado personas que cuando han soñado con algo macabro aun cuando están relatando el sueño se muestran consternados o afligidos, e impresionados que les pereciera que están viviendo la escena nuevamente; he escuchado testimonios de personas que según ellos Dios los ha llevado al infierno o a lugares tenebrosos, y han quedado tan asustados e impresionados que, cuando están contando lo sucedido, se muestran con una vivencia impresionante que les parece que están viviendo las mismas circunstancias, lloran y gritan emocionados, gimen con gran vehemencia, y quisieran que todo el mundo les escuche y les crea las cosas macabras y tenebrosas que según ellos han visto y oído.

¿Por qué no sucede lo mismo cuando en verdad les acontece algo bueno? Lo de Dios tiende hacer normal y opcional; pero lo oculto y malévolo pareciera tener un carácter impostor y atractivo, dominante y curioso que despierta el oído y la intención de los que les gusta perder el tiempo en lo que es de menos importancia.

Existe tanta gente que les gusta entretenerse o perder su tiempo escuchando a gente que les habla más de cómo ir al infierno antes que dedicarse a escuchar o aprender bien el camino que conduce al cielo o a la piedad. Cuando se tiene un concepto claro de cómo es, y como alcanzar lo segundo pues ya no habría importancia para lo primero, eso sería aplicable a las palabras del apóstol pablo cuando dijo: "Si estoy entretenido y aferrado, impresionado y afanado en lo que queda atrás, jamás podré conquistar lo que está delante o enfrente"; no me queda otra salida que olvidarme del pasado que al fin y al cabo ya no tiene valor; y proseguir al frente y conquistar lo que está adelante, donde está el supremo llamamiento".

El joven José entendía el valor de la gracia de Dios; la gracia tenía un solo propósito, borrar el pasado del hombre e inclinarlo y llevarlo a un futuro mejor; aunque el misterio sigue siendo difícil de interpretar pero nunca se queda sin evidencia. La historia de José continúa, Dios seguía impulsando su corazón a través de revelaciones haciéndole recordar su pacto; quizá pensó que los ismaelitas eran solamente el puente que le conduciría a la realidad de sus sueños, pero más adelante le estaba esperando otra escuela y un reto que le era necesario para el mejor desarrollo de su ministerio.

JOSÉ EN LAS MANOS DE POTIFAR

Llevado, pues, José a Egipto, Potifar oficial de Faraón, capitán de la guardia, varón egipcio, lo compró de los ismaelitas que lo habían llevado allá. Mas Jehová estaba con José, y fue varón próspero; y estaba en la casa de su amo el egipcio ("Génesis 39: 1,2").

El estar en la casa o en las manos de Potifar, era como estar en las manos de la ley, la ley es la única que hace esclavos, la gracia hace libres, salvos, reyes y sacerdotes; uno de los apóstoles escribe y dice: el que esté preso considérese libre por Cristo; en otra de sus cartas dice: que en la gracia ya no hay judío ni griego, varón ni hembra, todos somos uno en Cristo Jesús, Señor Nuestro.

Potifar era un capitán del ejército egipcio, y un capitán trabaja para imponer la ley, supervisarla, y hacer que se cumpla. El estar José en sus manos, era como estar sujeto a ella; José era el esclavo, y Potifar era su dueño. Aquí surge una pregunta: ¿Por qué fue un capitán de la guardia quien se convertiría en el amo del Joven soñador? En primer lugar, los grandes propósitos y las grandes victorias no descansas sobre brazos débiles y hombros caídos, sino sobre los brazos fuertes, y sobre todo, en aquellos que tienen hombros erguidos; esto significa, hombres que conocen disciplina, lealtad, respeto y obediencia.

Toda ley, ya sea civil, estatal o federal, especialmente las leyes y ordenanzas militares, tienen como fin establecer o forjar en los hombres y sobre todo en los jóvenes, lo que conocemos como disciplina; la disciplina establece el carácter, el carácter al buen nombre, y como dijo el sabio Salomón: *"el buen nombre vale más que las perlas y las piedras preciosas"*.

Un joven sin disciplina es un joven sin carácter, y como dijo el escritor: los utensilios de barro, de plata o de madera se ponen sobre ruedas, o bueyes y carretas, pero las cosas grandes, sagradas y eternas descansan sobre los hombros rectos, y fuertes. Las cosas muy valiosas no se confían a los niños juguetones, niños que ahora dicen sí y mañana dicen no; las cosas santas descansan sobre hombres que conocen disciplina, obediencia y sumisión; todos estos elementos son los derivados de una fe viva.

El joven José había creído firmemente en la promesa de Dios, pero le era necesario pasar por el proceso de la disciplina; el haber llegado a las manos de Potifar no era en si un castigo, sino un proceso de aprendizaje; sin lugar a dudas, ese era el mejor lugar para que el joven aprendiera los valores de la disciplina y la obediencia. Todo lo que el hombre puede hacer sin obediencia sería como un edificio o una casa sin fundamento, ya que la palabra de Dios dice, que es mejor la obediencia antes que los sacrificios. Dios no se complace en los muchos sacrificios sino en que se le obedezca.

> *El joven José entendía el valor de la gracia de Dios; la gracia tenía un solo propósito, borrar el pasado del hombre e inclinarlo y llevarlo a un futuro mejor.*

Como dije antes, uno de los derivados o resultados

de la ley es establecer en el hombre la disciplina y la obediencia. Si examinamos bien el proceso o el desarrollo de los apóstoles del Nuevo Testamento, observamos que a cada uno de ellos le fue necesario pasar por el proceso del discipulado; discípulo es el que aprende, y al proceso de aprendizaje se le conoce como disciplina; la disciplina establece el carácter y el carácter al buen nombre, y aquí podemos añadir otro proverbio del sabio Salomón cuando dijo: *"De más es el buen nombre que muchas riquezas"* (Prov. 22:1).

Así que, pareciera insólito, pero la ley o los que la ejercen, de algún modo son puestos para que el hombre reforme su conducta, pero aquí hay algo más curioso que se pudiera considerar, que aun los mismos hijos de la gracia necesitamos de la intervención de esa ley, o sea, de su plataforma, para lograr lo que ahora conocemos como: "El *Evangelio o el Nuevo Pacto"*. De manera, que el capitán de la guardia egipcia entró en la escena de la historia del soñador, para establecer y fortalecer en él, el carácter y el buen nombre, ya que sin estos dos principios o elementos, un gobernador, sería incapaz de gobernar la sociedad.

Un trono o una silla que carezca de estos elementos, difícilmente podrá gobernar a un pueblo o una nación, es lo mismo que un cristiano sin fe y sin amor; su voz y sus palabras serían como metal que retiñe (sin valor alguno). Semejante hubiese sido el trono o el reinado de José sin el valor del conocimiento, la disciplina y del buen carácter. Por un instante, quizás, el joven no podía comprender a plenitud los tiempos ni el proceso, pero le era necesario la escuela y los exámenes que tuvo que cruzar en casa de Potifar, y cuando a lo mejor pensó en el día de su graduación o de su libertad, se encontró con el último y gran reto que sin lugar a dudas, creyó que no saldría jamás. Pero La Escritura dice que Dios estaba con él; y como expreso el apóstol Pablo: *"Si Dios es por nosotros, ¿Quién contra nosotros?".* *(Rom 8:31*

JOSÉ Y LA MUJER DE POTIFAR

(Génesis 39:7)

'La vida tiene sorpresas y sorpresas tiene la vida, toda subida tiene una bajada y toda bajada tiene subida'. Bajar suele ser más fácil que subir, por lo tanto: asegúrate que cuando estés arriba te acuerdes de los que están abajo, porque esa será la única fórmula que te mantendrá siempre arriba. Son muchos los que logran llegar a las alturas pero son muy pocos los se pueden mantener, porque cuando estás arriba se alborotan los de abajo; y cuando esto sucede, se formula una guerra constante entre los de abajo contra los de arriba; es ahí, donde aquellos que se confían y creen dominar las circunstancias, quedan atrapados por la debilidad y la concupiscencia del de abajo.

Es aquí donde necesitamos el sermón de las tres efes (fff). La primera 'f' significa finanzas; la segunda, fama; y la tercera, faldas. Las tres son peligrosas, pero la última es peor; porque esta ha sido la causa de los miles y miles que un día estuvieron arriba, pero que ahora, están abajo". Quiero concluir este artículo con las palabras del apóstol Pablo a su hijo Timoteo: ***"Considera lo que digo y el Señor te de entendimiento".***

Este es uno de los retos más grandes para un aspirante al ministerio pastoral o evangelista; ha sido también el examen que ha reprobado a miles y millones de jóvenes en el mundo entero, que tienen buena intención, y una inteligencia capaz de entender el presente y quizá el futuro, pero frente a un reto como el de José contra una mujer hermosa como la que solían tener los capitanes de aquel entonces, no es cuestión de inteligencia, sino de dominio espiritual, moral, respeto, dominio propio, amor hacia tu prójimo, como a ti mismo. Porque si te amas a ti mismo amarás también a tu prójimo.

José sabía que esa mujer estaba casada, y que la relación fuera del matrimonio era un pecado de adulterio; ceder a la tentación, atentaba contra su libertad, y quedaría expuesto quizá, hasta la misma muerte.

Lamentablemente, esos valores no los enseñan en la escuela ni en las universidades, porque suele ser, que aun algunos maestros rehúsan aceptar que ellos mismos tienen que acercarse a Dios, ir a una iglesia para que aprendan por lo menos los mandamientos de Dios, o sea: Las leyes espirituales, estatutos, decretos, doctrinas, normas, espiritualidad, moralidad, respeto a Dios y su semejante, etc. Eso fue algo, que el joven hebreo lo llevaba en sus venas, su padre le enseño, y él estuvo dispuesto a ponerlo por obra. Él sabía que si cometía adulterio, su vida estaría en peligro, y corría el riesgo de perder el trono, como sucedió con uno de los presidentes de los Estados Unidos.

El presidente número cuarenta y dos de los Estados Unidos se vio envuelto en un escáldalo tremendo, que por poco lo destituyen del cargo antes de la terminación de su periodo, noticias y murmuraciones por todas partes, la radio y los canales de televisión estaban en una sola frecuencia para transmitir y divulgar la mala noticia, porque lastimosamente una acción o actitud mala, echa a perder noventa y nueve buenas. Desafortunadamente, en estos casos, sucede de la siguiente manera: *"cuando tú te quieres levantar, casi nadie se presta para ayudarte; pero cuando te resbalas, te caes o te mueres, sobra quien te quiera echar tierra, y enterrarte para siempre".*

José sabía que un soñador que anhela conquistar el reino no se puede dejar seducir ni vencer por un amor barato, porque todo lo que cuesta poco, que compromete la moral, que destruye los principios de la decencia y de los valores de la vida, que corrompen la mente y la sociedad, no tiene ni merece otro nombre, sino, "amor barato". Algo que no tiene dignidad, que se ofrece en las esquinas y se entrega fácilmente, que va en contra de los principios de Dios, no es otra cosa más que acumulación de juicio sobre nuestra cabeza. José no había sido creado para juicio, sino para ser bendecido.

José sabía que esa mujer estaba casada, y que la relación fuera del matrimonio era un pecado de adulterio; ceder a la tentación, atentaba contra su libertad, y quedaría expuesto quizá, hasta la misma muerte.

Un rato de placer ilícito ha llevado a muchos hasta la misma tumba. ¿Y qué de aquellos que han perdido hasta sus mismos hijos? Miles, en el mundo entero, hasta este día y en este preciso momento están sufriendo las consecuencias trágicas del efecto de un plato bien servido de fornicación, o adulterio. No escucharon la voz de su conciencia; aunque Dios siempre ha enviado hombres o profetas como Juan el Bautista, que viven constantemente diciendo: *"No te es lícito acostarte o meterte con la mujer de tu prójimo".* Pero el testarudo de Herodes seguía empecinado. Parece que estaba estrechamente de acuerdo con la filosofía maquiavélica: *"que la moral debía de sacrificarse por el interés".* Pero el fin de este rey fue muy triste y amargo, vergonzoso y doloroso.

La historia registra que un Ángel vino del cielo y lo hirió en la cabeza, y al instante cayó muerto delante de toda la multitud que le seguía. Las razones eran muchas, pero la mayor fue, que por no atender a la voz del profeta ni a la voz de su misma conciencia, se cumplió en él las palabras del sabio Salomón: *"Bebió las aguas de su misma cisterna y los raudales de su mismo pozo".*

El joven soñador conocía el valor de la intuición, la voz de su conciencia no lo dejaría tranquilo día y noche, y lo perseguiría por doquier, porque cuando se incurre en pecado y se viola el mandamiento, se escribe una historia más en la vida del transgresor, que lo seguirá hasta la misma tumba, si éste, no se arrepiente. Y si se arrepintiere, indudablemente le seguirán las consecuencias de su pecado, al igual que el rey David, cuando adulteró con Betsabé. Lamentablemente tuvo que ser divulgado. Algo que muchos temen, pero la ley es así, y corren también el riesgo de corromper hasta su misma familia; pereciera también que en este asunto no se valen los cuellos duros como dicen en mi pueblo, pues Dios no es como los hombres, y tampoco tiene niños bonitos.

José sabía que Dios lo amaba y estaría con él donde quiera que fuere, pero si se metía con la mujer de su amo Potifar, quizá la cárcel hubiese sido su final. La única salvación era probar su inocencia delante de Dios y delante los hombres; así que mientras eso sucedía, el soñador tuvo que pagar el precio de su lealtad, y de la forma que menos imaginó. La mujer a la que decidió respetar por causa del Dios de su padre Jacob, quien le había enseñando a pagar el precio del amor de una mujer (si ésta fuese libre) y, a no acostarse con un amor ligero y barato. La esposa del capitán le inventó una patraña, y lo metieron a la cárcel.

JOSÉ EN LA CÁRCEL

(Génesis 39:20)

Después de confesar y creer que un día muy pronto sería un príncipe, pero estar detrás de los barrotes de una cárcel, es lo que menos se podía esperar, mas sin embargo esa era la cruda realidad del joven José. Años antes había confesado públicamente con sus propios labios, de un manojo que estaría derecho y firme sobre la tierra, y que al mismo tiempo representaba la historia de su vida, pero la cruda realidad era, que ahora estaba en una cárcel, y con su testimonio por el suelo, simplemente, por las palabras ponzoñosas de una mujer y un capitán que tenían una influencia en las naciones de aquel entonces; y sin facultad alguna de poder defenderse, el joven hebreo seguía en la oscuridad de una prisión, a la merced de un milagro que sin lugar a dudas, no tardaría.

Pero yo imagino a José años antes, mientras testificaba abiertamente y delante de todos sus hermanos y amigos: ¡Pronto seré un príncipe! ¡Ya no seré más dependiente de nadie! ¡Pronto se acabará mi vergüenza! ¡Hasta aquí llegó la aflicción que agobiaba mi espíritu! ¡Aunque nadie lo crea, pero un día seré poderoso! ¡Nunca más pediré prestado! ¡Todos me dirán el bendecido! ¡Un poco más y estaré en plena gloria! Estas y otras muchas palabras, pudieron haber pasado por la mente y los labios del hebreo. Palabras que fueron notorias en todos los canales de la televisión, la radio de aquellos tiempos, los pueblos, tribus y lenguas. (Estoy aplicando).

¡Voces y comentarios por todas partes!, que el hijo de Jacob y Raquel estaba lanzando una candidatura para el primer juez de la corte suprema de la nación más poderosa de aquellos tiempos. Su sueño era considerado como una locura para muchos, pero el joven soñaba cosas grandes, y sabía cómo lograrlas; conocía al Dios de lo imposible, pero lo que menos podía imaginar era que Dios permitiera que por una vil mentira, el hijo amado por su padre Jacob, estuviera ahora en prisiones de oscuridad y privado de la luz radiante de la mañana; nunca imaginó que le aconteciera lo mismo que al patriarca Job cuando gritó desesperado y dijo: *¡Cuando esperaba yo el bien, entonces vino el mal!.*

Antes, había sido burlado por sus mismos hermanos y puesto en lo profundo de una cisterna, vendido por una miseria de plata en la posición de un esclavo miserable, traicionado por su amo, perseguido por una mujer, etc. Ahora, se encontraba en lo profundo de una cárcel, donde huele a muerte, decepción y podredumbre, sintiendo noche a noche el frio y el olor de la pobreza, múrmura y alardeo por todas partes, su testimonio por el suelo, y pisoteado por aquellos que deseaban verlo en la desgracia, y en vez de una vestidura y una corona de rey, ahora se encuentra vestido de las ropas más desagradables que nunca imaginó; un reo, un prisionero, un preso, solamente un preso, un pordiosero y digno de lástima. Eso era lo que menos podía esperar, pero como dijo alguien por ahí: *"no hay mal que por bien no venga"*.

Pero el joven José sabía que un conquistador estaría expuesto a enfrentar los retos que aparecieran de repente, y que los grandes reinos requieren grandes batallas. *¡Un soñador verdadero nunca se da por vencido!*, el sabe, que Dios no se agrada de los que retroceden, y Él puede convertir los peores problemas en milagros. Nunca se olvida de aquellos que ama. José era uno de ellos.

Después de confesar y creer que un día muy pronto sería un príncipe, pero estar detrás de los barrotes de una cárcel, es lo que menos se podía esperar, mas sin embargo esa era la cruda realidad del joven José.

Quizá estaba pasando por el último examen de su vida, el examen de la soledad y la traición. La soledad y la traición en muchos aspectos de la vida suceden por un propósito, dejan una enseñanza que es indispensable, para aquellos que desean entrar en el reino. La primera es necesaria para crecer en sabiduría, y la segunda trae como resultado la paciencia y la tolerancia; las dos son poderosas si las sabemos aplicar en el momento preciso.

Pablo Cohello dice que el guerrero de la luz usa la soledad pero no es usado por ella. De manera que la soledad es tan importante para aquellos que pretenden alcanzar la sabiduría. En la soledad hay reflexión, y en la reflexión hay comprensión; si comprendes entonces aprendes, y si aprendes hoy, puedes enseñar mañana; de lo contrario, seremos como el metal que retiñe, una voz o un ruido fastidioso y sin entendimiento, pero la soledad y la meditación pueden conducirte a la comprensión y, a la sabiduría.

La historia dice que José comenzó a interpretar sueños dentro de la cárcel, no solamente interpretaba los suyos sino los ideales e inquietudes de los demás; su sabiduría iba creciendo más y más y estaba llegando a la altura de interpretar el futuro de las naciones; de manera que ahora ya es un hombre admirable que conoce el tiempo y los sucesos; es un científico, astrólogo (pronosticador), que conoce el tiempo presente y el futuro, que previene que las naciones caigan en déficit o al menos, está preparado para enfrentar una recesión económica. (Esto sería aplicable a los siete años de vacas flacas que vendrían sobre la nación de Egipto).

Esto es lo que los principales o gobernantes de aquellos tiempos estaban esperando, un hombre como José, experimentado en la paciencia y el dolor, que fuera capaz de perdonar a aquellos que lo habían traicionado; un hombre sabio y entendido para gobernar a los pueblos de aquel tiempo, que conociera justicia y equidad, respeto a la mujer de su prójimo; un hombre pensador y administrador, que hubiese pasado por el examen de la rectitud moral; un hombre experimentado en relaciones internacionales, que tuviera el valor de la amistad y de la atracción, como lo había soñado en el campo; "un manojo que estaba derecho", representando o simbolizando rectitud y firmeza, carácter espiritual y moral, que conduce a la atracción, y a la unidad.

Claro, cuando alguien se mantiene en esa posición, su nivel de relaciones es tan poderoso que las multitudes se acercan a él. Es ahí, donde aquel sueño que fue solamente una visión, imaginación o representación de algo literal, un manojo que por estar derecho, tenía la virtud de atraer y hacer que los demás se arrimasen a él. Ese manojo representaba y apuntaba proféticamente, al reinado de joven José.

La silla del gobierno de Faraón esperaba ansiosamente por un hombre con esas virtudes, que fuera capaz de incrementar a sus aliados o amigos antes que a sus enemigos, ya que el que incrementa sus enemigos es falto de inteligencia, pero el que aumenta sus amigos y sabe cómo mantenerlos, es considerado un hombre sabio.

José conocía el valor de la amistad, conocía la ciencia del amor, sabía cómo quebrantar a sus contrincantes, aquellos que le habían o le querían hacer daño; quizá recordaba las hazañas de su padre Jacob, cuando enfrentó y reprendió a su hermano Esaú, con algo que nunca se lo imaginaba, desarmándolo de su furia, de su coraje, y convirtiéndolo en su amigo y un aliado más, antes que en su enemigo. Jacob sabía cómo hacerlo.

Mientras Esaú lo encontró en el desierto (porque lo perseguía para matarlo), él y sus cuatrocientos hombres pensaron que al patriarca Jacob se le había llegado su fin.

Pero he ahí, el padre del joven soñador, se acordó de uno de los mejores secretos de supervivencia y puso en práctica la ciencia del amor y de las relaciones (la sociología), y lo reprendió con un presente. El sabía que un buen presente es aun mejor que una buena respuesta; e inmediatamente, mando a sus hombres que preparasen presentes para su hermano Esaú, quien se había convertido en su peor enemigo; y aquello que parecía un comienzo de la primera guerra mundial, terminó en una fiesta extraordinaria. Y he aquí se escucharon las voces del perdón, llantos, suspiros y lagrimas que rodaban por las mejías de dos hermanos y dos bandos en reconciliación; festejo, comida, bebida, y voces de júbilo por todo el campamento; rizas, besos y abrazos, etc. Todo eso se pudo lograr, con el valor y el efecto de un presente.

Posiblemente el joven soñador fue también un protagonista o un autor más de esa escena, y quizá nunca pensó que en él fuese a repetirse nuevamente la historia de su padre; pero sin lugar a dudas, José llevaba en las venas o en la sangre el valor del perdón y la reconciliación; El sabía que para que aquellos once manojos se arrimasen o se recostasen a él, era necesario conocer y aplicar la ciencia que estudia o interpreta las relaciones, el pensamiento, y el comportamiento de las sociedades. De manera que aquel sueño no podía cumplirse sin antes entender los secretos y los resultados del perdón, la amistad, o la reconciliación.

La cárcel o la prisión, son lugares donde muchos han logrado entender que dos son mejor que uno; a eso se lo conoce como el valor o el poder de la unidad; y es también uno de los elementos de menor esfuerzo, pero para muchos la cárcel ha sido el lugar donde han aprendido los valores de la vida y de la supervivencia. En el área del box y en muchas otras ramas profesionales de la vida, la cárcel, el sufrimiento y la soledad han sido la última escuela para que muchos estén ahora mismo, en una posición honorable. Conozco de boxeadores, artistas, políticos, científicos, escritores, autores de cine, militares, etc., han y están siendo favorecidos de una experiencia semejante.

José conocía el valor de la amistad, conocía la ciencia del amor, sabía cómo quebrantar a sus contrincantes, aquellos que le habían o le querían hacer daño.

Y no solamente en el mundo secular, sino en la cristiandad: profetas, apóstoles, pastores, predicadores, misioneros, cantantes cristianos, escritores, etc., en muchos de ellos también se ha repetido los mismos sufrimientos, procesos y resultados de aquel joven soñador.

JOSÉ INTERPRETA LOS SUEÑOS

(Génesis 41:1-22)

Un intérprete de la ley, alguien que interpreta el comportamiento de las sociedades y aun, los intérpretes de lenguas o idiomas, han sido, y serán respetados y reconocidos en todas las edades. ¿Cuánto más, alguien que interpreta los tiempos del presente y el futuro? El joven José era un hombre que estaba preparado para interpretar elementos y valores eternos; era capaz de interpretar la vida y la muerte; estaba dotado de sabiduría, a tal grado de prevenir y evadir el golpe fatal que puede causar una recesión económica.

El sueño que había soñando el rey Faraón estaba relacionado con esa materia; la nación de Egipto estaba a punto de sufrir o cruzar por esas dos etapas o procesos, que son: la abundancia, y la escasez. Esto sería la causa de un descontrol atmosférico o climatológico, ya que la naturaleza estaba a punto de sufrir un trastorno que no se esperaba. Faraón y toda su nación estaban a punto de experimentar o entrar en una nueva ciencia y administración que ellos no conocían, José era el único hombre que podía liberarlos de lo que vendría, siete años de abundancia, y siete años de resección.

En alguna parte la lluvia se detendría, y dejaría de llover en Egipto; mientras que en otro lado habría lluvia en abundancia, Egipto estaría en una sequilla tremenda; la hierba y todo el pasto se secaría, los animales morían por falta de alimento, cuando esto aconteciera, el imperio de Faraón estaría a punto de perder todos sus hombres o todo su ejército, por causa de la escases y del hambre, esto los llevaría hacer dependientes o esclavos de otras naciones, algo que sería indigno y devastador para toda la nación.

Solo había un hombre experimentado es esa ciencia, era el hijo de Jacob, un joven soñador que había propuesto en su corazón no entretenerse en boberías ni en pequeñeces, sino en alcanzar la ciencia del conocimiento hasta lograr entender el presente y el futuro: los ideales de las naciones, los cursos de la naturaleza, los tiempos malos y los tiempos buenos, en que tiempos habría de llover y en cuando habría de nevar, en donde se detendría la lluvia y hasta cuando seguiría su curso, cuánta agua y cuanto alimento habría que guardar, que porción le correspondía a cada familia, hasta prevalecer durante los siete años de miseria, etc. Todo este conocimiento estaba en el cerebro de aquel joven que estaba a punto de salir de las sombras del desprecio, la humillación, la traición y la desigualdad.

La fórmula y el proceso de la ciencia meteoróloga y administrativa, estaba por descubrirse; una nueva etapa de la vida de Faraón y su pueblo, residía bajo la facultad de un prisionero que uso la soledad pero no se dejo usar por ella, descubrió la técnica de cómo desarrollar las neuronas intelectuales, Él sabía que en la soledad y en la quietud se desarrolla el pensamiento, y se descubren la ciencia de la superación y del éxito.

De manera que todo el conocimiento que pudo adquirir en todas sus escuelas y procesos, lo condujeron al nivel de interpretar secretos, y descifrar códigos que tenían que ver con la vida y la muerte de naciones y pueblos; mientras su conocimiento y su conducta crecía cada vez más, su fama se difundía por toda la nación y llegó hasta el trono de Faraón.

La historia lo registra de la siguiente manera: *"Aconteció que pasados dos años tuvo Faraón un sueño. Le parecía que estaba junto al río; y que del río subían siete vacas, hermosas a la vista, y muy gordas, y pacían en el prado. Y que tras ellas subían del río otras siete vacas de feo aspecto y enjutas de carne, y se pararon cerca de las vacas hermosas a la orilla del río;☐ ☐y que las vacas de feo aspecto y enjutas de carne devoraban a las siete vacas hermosas y muy gordas. Y despertó Faraón. Se durmió de nuevo, y soñó la segunda vez: Que siete espigas llenas y hermosas crecían de una sola caña, y que después de ellas salían otras siete espigas menudas y abatidas del viento solano; y las siete espigas menudas devoraban a las siete espigas gruesas y llenas. Y despertó Faraón, y he aquí que era sueño. Sucedió que por la mañana estaba agitado su espíritu, y envió e hizo llamar a todos los magos de Egipto, y a todos sus sabios; y les contó Faraón sus sueños, mas no había quien los pudiese interpretar a Faraón"* (Gén 41:1-8).

De la misma forma en que Nabucodonosor necesitó a un Daniel para que le interpretara su sueño, así también Faraón necesitaba a un José para que le interpretara los suyos.

JOSÉ EN EL TRONO

(Génesis 41:37ss)

El trono era su meta, el trono representaba para él, su sueño hecho realidad, pero hay algo más relevante que impresiona no sólo a mí sino a la mayor parte de los que leemos este suceso, fue el comportamiento de José para sus hermanos, aquellos que lo traicionaron, que se burlaron de él mientras les relataba el sueño; aquellos que lo metieron a una cisterna mientras pasaban los comerciantes, aquellos que antes de creer en sus intenciones y deseos, se mofaron de él y lo rechazaron aun más todavía, que en vez de sentirse dichosos y compartir su alegría, antes lo marginaron y lo ignoraron sin importarles y sin darse cuenta que, éste sería el brazo que les daría de comer en el futuro.

Jesús dijo unas palabras muy ciertas y muy poderosas que todavía siguen punzantes en el mundo entero: "No hay profeta sin honra sino en su propia tierra". Pero da la misma forma que Jesús pagó al mundo entero por su maltrato, su desprecio, su burla y su traición, así también José, el joven soñador, hijo de Israel y de su madre Raquel, les pagó a sus hermanos; se olvidó de la traición y del desprecio, y abriendo sus brazos y su corazón al amor y al perdón, los hizo sentar con Él a su mesa, comieron y bebieron, se alegraron sobre manera, y los bendijo hasta tener sus manos llenas.

El trono era su meta, el trono representaba para él, su sueño hecho realidad, pero hay algo más relevante que impresiona no sólo a mí sino a la mayor parte de los que leemos este suceso, fue el comportamiento de José para sus hermanos, aquellos que lo traicionaron.

Aquí se cumplen nuevamente las palabras de nuestro Señor y Salvador Jesucristo: *"Para que mi gozo sea cumplido en ellos"*. Quiero rematarlo con las palabras del apóstol Pablo a los romanos: *"...si tu enemigo tuviere hambre, dadle de comer, si tuviere sed, dadle de beber..."*. *"No seáis vencidos de lo malo sino vence con el bien, al mal"*. (Rom 12:20,21). Posiblemente, el soñador conocía bien estos códigos de la gracia, estas palabras son consideradas como los diamantes y las perlas preciosas que adornaron la gracia que se manifestó en Jesús, nuestro Señor.

Si el mundo entendiera esto, habría muertes pero no habría guerras; y en sí, ya no serían considerados muertos o cadáveres, sino personas durmiendo como le refirió Jesús a María y Marta, porque el que muere en el amor y en la gracia de Cristo, le sucede lo mismo que a Lázaro, simplemente estaba dormido. José conocía la ciencia del amor, sabía que el perdón y su expresión resucitan al mundo; pero el odio, el orgullo, los celos y la envidia, son la causa mayor de las guerras, la miseria y el dolor; y en esta enfermedad, viven millones y billones en este siglo veintiuno.

CAPÍTULO
DOS

EL JOVEN JOSUÉ

"Solamente esfuérzate y sé muy valiente, para cuidar de hacer conforme a toda la ley que mi siervo Moisés te mandó; no te apartes de ella ni a diestra ni a siniestra, para que seas prosperado en todas las cosas que emprendas. 8 Nunca se apartará de tu boca este libro de la ley, sino que de día y de noche meditarás en él, para que guardes y hagas conforme a todo lo que en él está escrito; porque entonces harás prosperar tu camino, y todo te saldrá bien."
Josué 1:7-8 (Reina-Valera 1960)

*El estar a los pies de
alguien es lo mismo que
rendirse al mismo, ponerse
a las órdenes y estar dispuesto, es también sinónimo
de alumno, discípulo, aprendizaje, esclavo, sirviente o
siervo, etc., claro, esta posición no es tan agradable
pero es inviolable para los
que quieren alcanzar el
éxito*

Josué ha sido considerado por muchos como el modelo de los conquistadores. Hace unos años escuche a un predicador decir algo que me llamó la atención, y de hecho es algo muy cierto, y mientras predicaba decía que en el mundo existen dos tipos o dos grupos de personas: los conquistadores y los que se dejan conquistar. De inmediato pensé, me examiné y dije entre mis labios ¿En cuál de esos dos grupos estoy yo?

Cada uno decide donde quiere estar, si en el primer grupo o en el segundo; para ser conquistador se requiere de varios elementos pero uno de los más importantes es, la inconformidad; las personas conformistas suelen ser pacificas, y un hombre pacífico o flemático no sirve para conquistar, no obstante existen muchos que son muy organizados y buenos administradores, pensadores e inteligentes y buenos para el establecimientos del reino.

Pero si hablamos de las características de los hombres que conquistaron reinos, fueron hombres con una intención profunda y con gran inquietud de alcanzar todas las promesas de Dios, eran hombres con ansiedad y con una visión por conquistar todo lo que se proponían; la Biblia les llama, héroes de la fe. La fe tiene varios motores que la hacen funcionar, algunos de ellos son: La inconformidad, la sagacidad y la astucia. Josué conocía el valor de estos elementos, lo aprendió de su maestro cuando era un joven.

Su padre en la fe, Moisés, le enseñó el valor da la sagacidad y la astucia, aprendió que un poco de sagacidad puede cambiar el destino de un aspirante, de un líder y de cualquier conquistador; un poco de sagacidad y astucia son necesarios para salir del fango de la pobreza y sobrevivir en tiempos de una resección económica, sin lugar a dudas, Moisés le había enseñando algunos secretos que él mismo había aprendido de algunos patriarcas como Jacob, que un toque de sagacidad y astucia fueron capaces de transformar la historia y convertir los tiempos de maldición en tiempos de bendición.

Josué conocía los secretos de los cuales habló Jesús a sus discípulos mientras los enviaba a cumplir la gran comisión, enseñándoles a sobrevivir aun en medio de lobos; en cierta ocasión les dijo: *"Sed astutos como la serpiente y humildes o sencillos como la paloma"*. Yo creo que Josué también sabía y era consciente que si los hijos de las tinieblas son sagaces ¿cuánto más sagaces deberían de ser los hijos del reino? De manera que todo aspirante o cualquier líder que carezca de esos principios, jamás podrá llegar a ser un conquistador.

JOSUÉ A LOS PIÉS DE MOISÉS

(Josué 1:7,8)

El estar a los pies de alguien es lo mismo que rendirse al mismo, ponerse a las órdenes y estar dispuesto, es también sinónimo de alumno, discípulo, aprendizaje, esclavo, sirviente o siervo, etc., claro, esta posición no es tan agradable pero es inviolable para los que quieren alcanzar el éxito; todo joven antes de llegar a viejo tiene que cumplir con esta ley, de lo contrario si un día desea ser un predicador o pastor, maestro o tomar cualquier otra posición de liderazgo en cualquier rama que fuere, sería como hablar desde un vacío; nadie puede dar lo que no tiene ni usurpar la posición que a otro le corresponde.

Todo es cuestión de carácter, esto es opcional, depende hasta donde queremos llegar; pero un buen ministerio o un buen líder, tiene que entender que necesita de algún modo o en alguna área, un maestro. En el caso de Josué, su maestro fue

Josué conocía los secretos de los cuales habló Jesús a sus discípulos mientras los enviaba a cumplir la gran comisión, enseñándoles a sobrevivir aun en medio de lobos.

Moisés; la escritura revela una cita muy clara y la encontramos en el primer capítulo de Josué, que dice: *"Cuida de hacer exactamente como mi siervo Moisés te enseñó" (Ver. 8).* Estas palabras confirman que de la misma manera que Pablo mientras era Saulo, necesitó de un Gamaliel conforme a la ley, pero cuando ya fue Pablo necesitó a un Ananías conforme a la gracia; así mismo, Josué necesitó a un Moisés para aprender la ley de Dios.

Ambos estuvieron a los pies de sus maestros para aprender aquello que un día les llevaría al éxito. *El éxito tiene un proceso, y a veces es necesario tomar la posición de un discípulo, sentarse a los pies de alguien y sin cuestionar.* En uno de sus escritos Pablo declaró que estuvo a los pies de Gamaliel conforme a la ley; y el libro de los Hechos dice que la voz que recibió del cielo, le dijo que entrara en la ciudad, y que un hombre llamado Ananías, le diría lo que le era necesario hacer. Esto quiere decir, que a pesar de ser un maestro conforme a la ley, ahora pasaría a ser un discípulo conforme a la gracia, algo que Pablo necesitaba aprender para llevar el Evangelio a las naciones de la tierra.

DISCÍPULO

Existen tres niveles más reconocidos dentro de la jerarquía espiritual (a) discípulo (b) siervo o servidor (c) amigo. A muchas personas dentro de la iglesia y en todo el mundo, les gustaría ser amigos de Dios (no está mal). Pero, para llegar a ser amigo de Dios hay que ser buen siervo primero, y para llegar a la altura de siervo, hay que ser un buen discípulo; esta ley no se puede quebrantar, aquí, no vale estatura ni color ni tamaño, si eres flaco o gordo, si eres rico o eres pobre, etc.

En este camino no se venden licencias chuecas ni se compran posiciones, aquí no queda otra alternativa más que sumergirse bajo la gracia divina y aferrarse a Cristo, perseverar en la fe y aprender o servir como dijo Pablo: *"golpeando nuestro cuerpo y poniéndolo en servidumbre, para no ser eliminado"*.

De los tres niveles anteriores, el más difícil de alcanzar es: **ser amigo de Dios**. En el primer nivel (discípulo), el hombre o aspirante, observa y aprende constantemente lo que su maestro le está enseñando. Para aprender o conocer se necesita un elemento muy indispensable en el corazón del aspirante que es: **la humildad.** La humildad no da lugar a cuestionamiento, aquí, se aprende sin cuestionar, se opina cuando le ceden el derecho, y sin ser así, el discípulo permanece callado hasta terminar su lección.

Un verdadero discípulo está siempre dispuesto a aprender y seguir a su maestro aun cuando éste le llamare fuera de sus horas regulares; y cuando eso acontece, el verdadero discípulo piensa de la siguiente manera: -éste es el mejor momento de aprender la mejor lección de mi carrera; este es el mejor momento en el que debería de mostrar lealtad a mi maestro; este es el mejor momento en que conoceré mejor el corazón de mi maestro; este es el mejor momento para superar otro nivel; este es el mejor momento de salir de la normalidad y mediocridad, este es el momento en que bogaré mar adentro para descubrir la profundidad de las aguas de la sabiduría, etc.

Un discípulo, a los peores tiempos los considera como: *el mejor momento o la mejor oportunidad de conquistar lo más profundo de su maestro,* ya que el verdadero maestro suele guardar sus mejores lecciones y secretos para sus discípulos, cuando éstos estuvieren dispuestos a obedecer aun, en tiempos difíciles. Un discípulo debería de saber que entre más sabe más puede, porque el saber es poder; y como suele suceder siempre, que hay oportunidades que ya no vuelven.

La excelencia y la mejor sabiduría suele ser como el mejor vino, que se preserva o se guarda para en ocasiones especiales y para los tiempos más difíciles. Eso fue lo mismo que sucedió con el maestro de maestros, en las bodas de <u>Caná</u> de Galilea, cuando realizó su primer milagro y sació el alma de los que le seguían.

Así suelen ser los verdaderos maestros, que prueban

la fe y la determinación de sus seguidores, que cuando todo se acaba y las cosas parecen estar fuera de tiempo, el maestro descubre los secretos de su sabiduría, y muestra su poder. Cuando eso sucede, sus discípulos fortalecen su fe y continúan asía delante, con una mejor experiencia.

SIERVO

De los tres niveles que mencioné antes, el segundo sería *"SIERVO"*. Esta palabra es lo mismo que: servidor, sujeto, subalterno, súbdito, dependiente, etc. En esta posición, el cristiano o aspirante, sirve al Señor con humildad y sin protestar, a esto es lo que el apóstol Pablo le llama, golpear su cuerpo y ponerlo en servidumbre, ésta expresión es aplicable a: ***Servir humildemente y sin protestar.***

El verdadero siervo, no sirve por los aplausos de nadie, porque la gloria no es del siervo sino de su Señor. En esta posición estaba el Maestro antes de ser levantado, y fue aquí, donde expresó estas palabras: ***"Yo no recibo gloria de los hombres, porque mi gloria viene de arriba"***. Esto es lo mismo que: mientras estoy en la posición de servidor, mi deber es honrar y darle la gloria, al que me envió. Esto mismo, expresó en cierta ocasión a sus discípulos y les dijo: *"mas yo estoy aquí como el que sirve, y no como el que dirige..."*.

Esta es la verdadera posición de un servidor o siervo; el siervo no está muy interesado en las palmaditas en sus hombros, sino en cómo agradar a su Señor, el tiene una sola meta que es, hacer o cumplir con lo que le han encomendado. Hay personas que les es imposible entender esto: pero a la iglesia, no se llega con el propósito de ver como hablan y cuanto hacen; toda persona que llega con ese principio, tarde o temprano tropezará. Yo aprendí que a la iglesia se llega para aprender de Cristo y servir a los demás; carentes de ese principio, corremos el riesgo de infestar nuestros corazones y crear una raíz de amargura que podría estorbarnos para nuestra salvación.

La excelencia y la mejor sabiduría suele ser como el mejor vino, que se preserva o se guarda para en ocasiones especiales y para los tiempos más difíciles.

Mientras Jesús estuvo en la tierra como siervo, se preocupó por exaltar al de arriba, su exaltación y su honra venía del padre. Por esta razón, días más tarde lo escuchamos diciendo estas palabras: "Todo lo que el padre tiene, me lo entregó a mí; lo de Él es mío, y yo no tengo nada sino es por Él". Una parte de Las Escrituras dice, que por cuanto el hijo agradó al padre en todo, y no escatimó su propia vida sino que fue obediente hasta la muerte, por eso Dios lo exaltó hasta los cielos, y se le fue dado un nombre que es sobre todo nombre, para que en el nombre de Jesús se doble toda radilla, de los que están en los cielos y de los que están en la tierra.

Mientras estamos en éste segundo nivel, es necesario el siguiente ingrediente que es, la liberalidad. Esta palabra es lo mismo que: generosidad, desprendimiento, desinterés, franqueza, nobleza, caridad, etc., sin estos ingredientes, nuestro servicio hacia los demás, perderá su valor, y también su eficacia.

AMIGO

Amigo, es un nivel o una posición donde no cualquiera suele llegar; por esa razón es que no encontramos a muchos en la posición de amigos de Dios, en el Nuevo Pacto se habla de Lázaro, y en Antiguo se menciona Abraham, a quien el mismo Dios le llamó su amigo. El nivel de un amigo es superior a los otros niveles anteriores; razón por la cual el mismo Jesús dijo que el siervo no sabe lo que hace su Señor; y les refirió también estas palabras: *"Ya no os llamaré siervos, porque el siervo no sabe lo que hace su señor; pero os he llamado amigos, porque todas las cosas que oí de mi Padre, os las he dado a conocer"* *(San Juan 15:15).*

De manera que, en la posición de amigo existe no solamente una amistad o una intimidad superior, sino también un derecho de mayor adquisición. Así que muchos son los que adquieren la posición de discípulos y siervos, pero son pocos los que llegan a ser, amigos de Dios.

JOSUÉ AL PIÉ DEL MONTE

"Entonces Jehová dijo a Moisés: Sube a mí al monte, y espera allá, y te daré tablas de piedra, y la ley, y mandamientos que he escrito para enseñarles. Y se levantó Moisés con Josué su servidor, y Moisés subió al monte de Dios (Éxodo 24:12-14). Otra escritura dice: *"No suba hombre contigo ni perezca alguno en todo el monte..."* (Ex 34; 3).

Si Moisés se levantó con Josué, y el único que subió al monte según la versión anterior, fue Moisés; esto significa que el Joven Josué se mantuvo al pié del monte mientras Moisés hablaba con Jehová, y para confirmar esta declaración, otra Escritura dice, que cuando Moisés bajo del monte, bajó solo, y traía consigo las tablas de la ley de Dios (Ex 34:29). De manera que mientras Moisés recibía los mandamientos o estatutos de la ley, sin considerar el tiempo que haya estado en la cumbre, pero Josué, hijo de Nun, estuvo al pié del monte esperando a Moisés hasta que regresara; todo esto nos confirma la fidelidad, o la integridad de Josué.

En el contexto bíblico, monte, significa reino. Cuando Jesús reprendió aquel demonio que aun sus mismos discípulos no pudieron reprender, la siguiente expresión del Maestro fue: *"Si tuvieran fe como un grano de mostaza, le dirían a este monte muévete de aquí para allá y el monte se moverá".* No ignoramos que lo que Jesús había reprendido minutos antes, había sido un demonio (Mt 17:20); por lo consiguiente, en muchos aspectos de la Biblia, monte es aplicable a, reino. Ya sea humano, político o espiritual.

Cuando pensamos en Josué mientras está al pié del monte, se le figura a un hombre sosteniendo, o respaldando el reino. Mientras Moisés hablaba con Dios en el monte, yo imagino a Josué preocupado por su líder; esto también es confirmado en otra declaración que ratifica que Josué estuvo pendiente en el tabernáculo de reunión, demostrando así, su integridad y su lealtad para con su líder, y para con los demás. Sin lugar a dudas, Josué es el único hombre que estuvo más pendiente de Moisés, que ningún otro (Ex 33:11).

JOSUÉ SOSTENIENDO EL REINO

Este comportamiento, me lleva a pensar que el joven Josué es un ejemplo para miles de jóvenes en el mundo entero que ignoramos esta ley; el sostener o tener cuidado de nuestro líder o nuestro pastor, es parte del fundamento de un aspirante, si alguien quiere establecer una base firme de autoridad ministerial, es necesario pasar por este proceso. Tener cuidado de alguien que tenga las características de Juan, el apóstol del amor, que es ungüento de la gracia, quizá sea mucho mejor que obedecer y cuidar a uno que esté sazonado con las palabras duras y sarcásticas de la ley, la ley duele, maltrata, atormenta, pero la gracia suaviza, acaricia, cura, etc.

Pero Josué estuvo dispuesto a sostener el reino de Dios reflejado en Moisés, no importando si Moisés significaba o reflejaba aquella ley que endurecería la frente de los que estuvieron bajo su sombra; pero yo creo que Josué siempre tenía su cantimplora llena de agua para su maestro; aun si éste viniere bajando del monte lleno de furia e indignación, dispuesto a quebrar las tablas sobre los pies de aquellos que le seguían; pero Josué estaba dispuesto a pagar el precio de la obediencia, y la humildad.

No sé cual será tu Moisés, pero cada aspirante tendrá un Moisés conforme a la ley y un Ananías (Jehová es misericordioso) o un Juan conforme a la gracia. Hay momentos en que te será muy difícil entender esto, pero cuando tu respaldas a tu líder, alguien respaldará tu ministerio futuro; a veces hay que dar lo único que tenemos en nuestra cartera, en nuestra nevera, y hay momentos en que Dios te lo pide cuando los tiempos suelen ser más difíciles.

Era viable para Josué pensar que Moisés estaba en el mejor tiempo de su gloria y que no necesitaba nada, pero ese no era el caso, sino el establecer una base firme e inquebrantable, concerniente a la autoridad y el respaldo que se necesita tener o alcanzar, para que tu ministerio o tú llamado sea firme en el futuro.

JOSUÉ CONFIRMA SU FE

En el libro de Números, capítulo 14: 8-10, se encuentra la oposición entre Josué, Caleb, y los diez espías. Cuando Josué se para firme declarando el poder y las proezas del Dios de Israel frente a los diez espías, lo declara con estas palabras: "Con ellos está el brazo de carne, pero con nosotros está el brazo de Jehová"; y añadió algo que me impresiona aun más, cada vez que lo leo; cuando el mismo Josué, dijo, que se los comerían como pan.

No sé cual será tu Moisés, pero cada aspirante tendrá un Moisés conforme a la ley y un Ananías (Jehová es misericordioso) o un Juan conforme a la gracia.

Esta expresión es más que suficiente para determinar, establecer y afirmar la fe de Josué; no queda duda alguna, que Josué sabía quién era su Dios, conocía y estaba seguro de lo que podía hacer el Dios de Israel, su convicción era tan fuerte que al expresar esas palabras, desarmó y paralizó el brazo de los diez espías, reversos y contrarios y de todo el pueblo que estaba de acuerdo con ellos; esas palabras fueron capaces de traer a reflexión y crear fe en el resto del pueblo, afirmar que sí podían conquistar la tierra, no importando cuán grande fuesen los gigantes y el pueblo que estuviere con ellos.

Josué era un hombre determinado, y estaba convencido que no había otro Dios más grande que el Dios de Israel, tenía razones para créelo; había visto como Dios quebrantó al imperio más grande de aquel entonces, era consciente de aquella columna de fuego que protegió a Israel de sus enemigos, era testigo ocular de muchos milagros y prodigios que sólo su Dios podía hacer.

Todas estas experiencias, había forjado en el joven **Josué** hijo de Nun, un corazón valiente y aprobado para enfrentar cualquier obstáculo, de manera que el decir o expresar que a aquellos gigantes se los comerían como pan, era como repetir un dicho común que acostumbraban decir los ancianos de mi pueblo cuando no habría que prestarle mucha atención a algo insignificante, *"Es pan comido";* queriendo decir, "mejor tráeme una taza de café caliente y un pedazo de pan o un par de tamales, sentémonos en esta piedra, platiquemos gustosamente y no le prestes a atención a tal cosa; comamos y bebamos y no pierdas el tiempo en cosas pequeñas ni te entretengas en boberías".

JOSUÉ DEFIENDE LA INTEGRIDAD DE SU LÍDER

(Núm. 14:6,7)

Las palabras de Josué eran suficiente para determinar su actitud y su fidelidad, y lo que estaba dispuesto hacer por su líder; el contrarrestar a los diez espías, hablar y defender la integridad de Moisés, era de vida o muerte; no estaba luchando contra sus enemigos del otro lado del río, sino contra sus propios hermanos, hebreos, de la misma sangre, hombres que pertenecían a su misma raza y a su mismo pueblo, todos habrían de ir con dirección a la tierra prometida, un sueño que estaba por cumplirse; y debilitar o perder una parte de los valientes que habrían de ayudar en la conquista, sería como volver a empezar.

Una cosa es comenzar de nuevo, y otra cosa es corregir o remendar la red; esto no era asunto de estar en polémica, sino de afilar las espadas y preparar las mochilas o las maletas y enfrentar al Cananeo; pero Josué, en vez de estar preparándose para enfrentar al cananeo, ahora, esta enfrentándose contra sus propios hermanos; los que deberían de estar de su lado, estaban en contra de él y de su líder Moisés. Los Israelitas estaban indignados y desanimados, habían perdido la credibilidad y la confianza en su libertador, el caudillo que los había sacado de Egipto.

Mientras llega la calma y todo volviese a la normalidad, Josué tenía un reto por delante, de convencer y reorganizar a su mismo pueblo y recobrar la credibilidad de Moisés. Para esto, él tendría que usar de carácter y de sabiduría, y reanudar la historia. Cuando Josué les recuerda lo que Moisés hizo por ellos en Egipto, que durante habían estado en el desierto, fue con el propósito de traerlos a reflexión, Josué sabía, que, el bajar la guardia ante esa situación, todo el pueblo estaría condenado a vivir en el desierto; eso sería como haber corrido o haber luchado en vano, y si lograba convencerlos y volverlos a la calma, habría ganado la primera guerra.

Lo terrible de la circunstancia era, que pelear contra un enemigo declarado o del otro lado de las fronteras no es lo mismo que pelear contra el enemigo que vive en tu propia casa; si Josué, en vez de convencerlos, los irrita o los hiere más, corría el riesgo de morir a pedradas juntamente con Caleb y Moisés; de manera que no había otra alternativa más que aferrarse a la fe en aquel Dios que los habría librado de las manos de Faraón, antes que prestar atención a las palabras toxicas de sus contrincantes; y como dijo alguien por ahí: ***"Las experiencias crean conciencia".***

A pesar de todo, los diez espías y los que estaban con ellos, no estuvieron dispuestos a negociar con Josué y Caleb, con todo eso, Josué continua la batalla sin impórtale aun su misma vida; no logró convencer a todos, pero su ejemplo, su decisión y sus palabras, impactaron el corazón de Dios. La historia registra, que después de la intervención de Josué, Dios descendió con poder, y respaldando las palabras y la actitud del joven, hizo justicia en contra los opuestos.

Eso es precisamente lo que quiero enseñar en este ejemplo; un hombre que parecía estar actuando en contra de la regla, y me refiero a las leyes de la democracia; ya que las reglas parlamentarias dicen que la mayoría de votos son la ley; así que el estar luchando uno o dos contra diez, sería totalmente en contra de la regla.

Pero en este caso se valoran más los elementos eternos, en contra de lo que es perecedero. Dios respaldó primeramente la lealtad y la fe de Josué, la integridad a su líder, la disciplina y el coraje, la rectitud y la templanza, la visión y la sumisión a su líder, etc., a tal grado que estuvo dispuesto a dar su vida por él. Parece insólito, pero hay valores que no se pueden negociar por nada.

JOSUÉ CRUZA EL RÍO JORDÁN

(Josué 3:1-17)

Liderar al pueblo de Israel mientras cruzaba el Jordán, no era como cruzar el <u>río</u> bravo que divide a México con los Estados Unidos. El tratar de pasar un grupo de ilegales o inmigrantes, lo único que le puede pasar a un inmigrante o al que los trae ilegalmente, es, caer en las manos de la ley o la patrulla fronteriza; que lo suban a un carro patrulla y lo lleven a una estación de policía, para que lo metan a la cárcel por un período de uno a dos meses y lo manden para su país de origen. Eso es totalmente diferente a que un ejército armado con espadas y lanzas, te esté esperando para cortarte la cabeza.

Las palabras de Josué eran suficiente para determinar su actitud y su fidelidad, y lo que estaba dispuesto hacer por su líder.

Pero Josué tenía una sola meta; él sabía que una espada o una saeta en las manos del valiente, Jehová de los ejércitos, es más poderosa que una espada o una saeta en las manos del príncipe o de los guerreros de Jericó; él sabía que siete vueltas, con sonido de trompeta, con cantos de júbilo y con un corazón arraigado en el Dios de lo imposible, eran suficientes para derribar y demoler las murallas de Jericó.

El cruzar el Jordán no era solamente el cumplimiento de un sueño, era también una cuestión de honor; lealtad a sus hombres, y levantar la afrenta del pueblo que había estado por cuarenta y tantos años en el desierto. El lodo que solía desbordarse durante la siega, ni la mucha lluvia que caía sobre la rivera del río, fueron suficientes para robar o disipar el fuego que ardía en el corazón del joven conquistador.

CAPÍTULO
TRES

EL JOVEN SAMUEL

"Solamente esfuérzate y sé muy valiente, para cuidar de hacer conforme a toda la ley que mi siervo Moisés te mandó; no te apartes de ella ni a diestra ni a siniestra, para que seas prosperado en todas las cosas que emprendas. 8 Nunca se apartará de tu boca este libro de la ley, sino que de día y de noche meditarás en él, para que guardes y hagas conforme a todo lo que en él está escrito; porque entonces harás prosperar tu camino, y todo te saldrá bien."
Josué 1:7-8 (Reina-Valera 1960)

El Joven Samuel era el encargado de darle mantenimiento a la lámpara y todos los utensilios que había en el templo; la responsabilidad de Samuel era cuidar de todo lo que el sacerdote le había encomendado.

SAMUEL MINISTRANDO (SIRVIENDO) EN EL TEMPLO

(1Sam. 3:1,2)

El capítulo tres del primer libro de Samuel comienza con estas palabras: *"Y el joven Samuel ministraba a Jehová en presencia de Elí..."*. Hay otra expresión que me llama la atención en este mismo capítulo que dice: *"Y la palabra de Jehová no le había sido revelada"*. He escuchado a muchos predicadores argumentando respecto a esta declaración, la mayoría de ellos creen que ese versículo o esa expresión se refieren a que Samuel no conocía los mandamientos o las ordenanzas de Dios, y lo encierran en que el profeta ministraba aun sin conocer a Dios y su palabra.

En la aplicación quizá tenga sentido pero en la interpretación deja mucho que ver; lo que ha Samuel no se le había sido revelado era, la condición y el futuro de la casa de Elí, que encierra en sí, la conducta, el resultado o el final de los hijos y el sacerdote. Dios estaba esperando el momento oportuno y el instrumento indicado para traer a juicio y hacer justicia con la casa de Elí; ya que según la historia los hijos del sacerdote se habían corrompido sobre manera, todo este comportamiento, la mayor causa o el peso de la ley descansaba sobre los hombros y el descuido de su padre. Eran tantas las mujeres del sacerdote que ya no podía tener control ni de ellas mucho menos de sus hijos.

Precisamente, esta fue una de las bases del apóstol Pablo para reorganizar, restablecer y constituir el nuevo sacerdocio según el Nuevo Pacto. Pablo recomienda que los que desean ser obispos o ancianos, sean maridos de una solo mujer, y exhorta sobre manera a que gobiernen bien sus casas y tengan a sus hijos en sujeción; porque el que no puede gobernar su propia casa: ¿Cómo pues cuidará de la iglesia del Señor?

Claro, todas estas recomendaciones tienen un por qué, y un para qué; después que el apóstol considerara el desorden y el extravío de numerosos hijos, de muchos ministros o sacerdotes según el Antiguo Pacto, Pablo se ve persuadido a cambiar el orden y los reglamentos para los nuevos ministros o encargados de la grey del Señor. Más a delante estaré ofreciendo una explicación más amplia con relación a este tema, pero en sí, lo que el pueblo estaba esperando era, la revelación, la justicia tocante a la casa de Elí, quienes se habían apartado de los mandamientos de Dios.

SAMUEL AL PIÉ DE LA LÁMPARA

(1Sam. 3:3)

La lámpara o el candelero, eran tipo de Cristo, según el Antiguo Pacto. Pero en sentido de aplicación, la lámpara es aplicable a la palabra de Dios, la luz del mundo, el conocimiento de Dios, y es también símbolo del amor que nos debemos los unos a otros.

El Joven Samuel era el encargado de darle mantenimiento a la lámpara y todos los utensilios que había en el templo; la responsabilidad de Samuel era cuidar de todo lo que el sacerdote le había encomendado. La lámpara tenía una hora establecida para encenderla, y apagarla. Cuando la historia dice que antes que la lámpara se apagase Jehová llamó a Samuel, esto nos confirma, que la lámpara se apagaba antes de la hora acostumbrada de dormir; la expresión del Sacerdote confirma también esta declaración.

La Biblia dice que después que Jehová llamó a Samuel, el sacerdote le dijo: ve, y acuéstate; y si Jehová volvía a llamar, le contestara de la siguiente manera: *"Habla, Jehová, porque tu siervo oye. Así se fue Samuel, y se acostó en su lugar"* (1Sam 3:9).

EL LLAMADO DE SAMUEL

(1Samuel 3:4ss)

Cualquiera es libre de pensar que el llamado de Samuel es todo lo contrario a un verdadero llamado de Dios, pero este ejemplo no es el único. Digo esto porque cuando Dios llama a Samuel, la historia dice que el joven escuchó una voz que lo llamó por su nombre; sin saber que responder, el joven se dirige al sacerdote Elí. Pero lo que ha llamado la atención y ha confundido a muchos ministros, es, las palabras o la recomendación del ministro al aspirante (Elí y Samuel); pero como dijo alguien por ahí: "Cuando lo que Dios hace no tiene sentido". Así que Dios decide revelarse a Samuel mientras éste estaba durmiendo al pié de la lámpara; tan pronto escucha la voz, Samuel corre al

> *La lámpara o el candelero, eran tipo de Cristo, según el Antiguo Pacto. Pero en sentido de aplicación, la lámpara es aplicable a la palabra de Dios.*

sacerdote, aturdido y confundido en busca de una solución.

Elí se da cuenta de inmediato que Dios está tratando con el joven, pero sus palabras o sus respuestas parecen incoherentes a los conceptos legalistas de muchos ministros de hoy; ya que el sacerdote, en lugar de decirle al joven ponte en ayuno o en vigilia para que puedas conocer al que te está llamando, le dice lo contrario. La historia registra que lo mando a dormir; y que si Dios volvía a llamar, le respondiera de la siguiente manera: *"Heme aquí, habla, que tu siervo oye".*

Claro, para muchos de nosotros esa receta es totalmente absurda, inaudito y anti cristiana; si pudiera hablar por muchos de los ministros de hoy, lo que se hubiera escuchado ante la inexperiencia o la inquietud del aspirante, hubiese sido palabras tales como: Mantente velando, no te duermas, tienes que pagar un precio, ponte en ayuno y oración, prepárate con todo lo que tengas, tienes que ser fiel con los diezmos y ofrendas, santifícate, ¡te dije que no te durmieras!, has tres vigilias y cuatro ayunos para que sepas que responder, ¡aunque veas que ya no aguantas, no te duermas!, ponte en cilicio y ceniza para que te encuentre santo, quizá, vuelva a llamarte, etc.

Si el joven hubiese ido de inmediato a la oficina de muchos ministros pentecostales del siglo veintiuno, estas y otras recetas o recomendaciones semejantes, hubiesen sido las primeras escuchadas por oídos del joven Samuel; pero el sacerdote Elí le recomendó todo lo contrario. Cualquiera puede pensar que le estaba dando un consejo equivocado, pero la verdad es que sucedió tal como se lo dijo: *"Ve, y acuéstate, porque de seguro volverá a llamar, cuando esto suceda, dile: "habla, que tu siervo oye"*.

La historia lo confirma, y dice que Jehová volvió a llamar a Samuel por tercera vez; el joven respondió tal como su líder se lo ordenó. El llamado de Samuel es otro ejemplo de los llamados más legítimos de acuerdo a la gracia de Dios. Según la ley, estaba fuera de contexto al igual que David en los tiempos de Samuel. El apóstol Pablo nos declara que nuestro llamado no es según los sacrificios de la ley, ni por meritos humanos, sino por gracia.

El llamado de Samuel fue semejante al llamado o la elección de los ciento veinte en el día de pentecostés; según el registro de Lucas, el Espíritu Santo calló sobre ellos y llenó el lugar donde estaban sentados. Note, la posición en la que estaban, me lleva a pensar que su estado de ánimo era razonable para que estuvieran decepcionados, tristes, quizá murmurando los unos a los otros, dudando de Pedro por su traición, de Tomás el incrédulo, condenado a Judas por su traición, queriendo mandar a las mujeres porque eran indignas de recibir la unción, peleando o discutiendo los unos con los otros, como solio suceder entre Pablo y Pedro en cierta ocasión. Pero de repente se cumplió en ellos aquellas palabras que dijo Jesús: *"No me elegisteis vosotros a mí, sino yo os elegí a vosotros"*.

La historia dice que en el momento menos esperado, el Espíritu Santo descendió sobre ellos, cumpliendo así, las palabras o la promesa de nuestro Señor y Salvador Jesucristo. Semejante aconteció con el joven Samuel mientras yacía dormido al pié de la lámpara en el templo de Jehová. Aunque para muchos haya sido insólito la recomendación de sacerdote Elí, pero de nuevo se cumplen aquellas palabras del mismo Samuel cuando reprendió a Saúl y le dijo: *"¿Se complace Dios más en los sacrificios que en que se obedezca su palabras? Ciertamente, el obedecer es mejor que los sacrificios"*.

REVELACIÓN DE DIOS A SAMUEL

(1Samuel 3:11ss)

La revelación de Dios es, ha sido muy importante e indispensable especialmente en el Antiguo Pacto, porque su dispensación y la administración estaban basadas o requeridas de esa manera. Aunque ya existía una ley escrita, pero el pueblo de Israel estaba acostumbrado a esa ley, a tal grado que Dios tenía que usar a Ángeles y Arcángeles, vientos y soplos, sueños e insomnios, apariciones a través de Ángeles metidos en cuerpos humanos (teofanías), escaleras como la que vio Jacob, y canastillos de frutas como los que vio Jeremías, etc.

Pero más a delante el apóstol Pedro nos da una recomendación, y dice: *"He aquí, tenemos la palabra profética revelada, a la que hacemos bien prestar atención, o deberíamos estar más atentos"*. Claro, cuando Pedro habla esto, se refiere a la palabra que ya había sido anunciada por los profetas del Antiguo Testamento, tocante a la aparición de Cristo, y el plan de salvación.

SAMUEL EN BUSCA DE REY

(1Samuel 16)

Después de muchos años bajo la administración teocrática, Israel decide cambiar la historia y el curso de su gobierno, y persuade a Samuel para que renunciase de su legislatura, y pusiera un rey al igual que las otras naciones. Fue una de las causas por la que surgió la elección, y el reinado de Saúl. De aquí se deriva muchas preguntas o interrogantes con respecto al gobierno, y la administración de Dios. ¿Está Dios de acuerdo con la democracia antes que la teocracia? ¿En qué o cuál sería nuestra posición como cristianos? ¿Fue Dios tolerante referente a este caso? ¿Si Dios sabía que Saúl iba a desobedecer, por qué permitió su reinado? ¿Es Dios injusto o vengador? Etc.

La revelación de Dios es, ha sido muy importante e indispensable especialmente en el Antiguo Pacto, porque su dispensación y la administración estaban basadas o requeridas de esa manera.

Yo mismo me he hecho más de dos preguntas semejantes. Respetando cualquier conclusión diferente pero he llegado a una determinación, que Dios no se complica por nada. Como decían algunos ancianos de mi pueblo a los jóvenes de su época *¡Hay mijo, cuando tu vas yo ya vengo!* Así mismo sucede con relación a los planes de Dios, y cuando el pueblo de Israel creyó ser sabio, Dios le demostró que no lo era; y se cumplieron en ellos las palabras del sabio Salomón, que dice: *"Respóndele al necio, como se lo merece, para que no se estime sabio en su propia opinión".*

Si Samuel ya no era un juez justo y sabio para el pueblo de Israel, quizá por su vejez, y por la mala conducta de sus hijos, como ellos se lo declararon, pero el rey Saúl resultó peor. Así que el plan que supuestamente era la solución para ellos, repercutió totalmente un desastre. Saúl, que fue el primer rey elegido por el pueblo según la ley y el orden democrático; violó los mandamientos y se corrompió, desobedeciendo la palabra de Jehová, con relación a la misión encomendada por Samuel. Aquellos animales que lo llevaron y lo acercaron a Dios, le sirvieron también para apartarlo del mismo.

Así que esto no se trata de democracia, ni de estrategia o reglamento, esto es asunto de comportamiento. Un rey puede ser elegido por Dios o por el pueblo, aprobado por Dios y por el pueblo, pero no garantiza la estabilidad y lealtad de su gobierno, porque eso no está en la forma ni circunstancia de la elección sino en los valores y la sabiduría del gobernante. Para concluir este fragmento, quisiera recordar una de las fórmulas de la matemática: *"El orden no altera el resultado".*

SAMUEL ES DESECHADO

(1Samuel 8:1-6)

Dos razones por la que Samuel fue desechado: primera, porque ya estaba viejo; y la otra, porque sus hijos no andaban en su camino o los mandamientos de Dios.

La segunda declaración es paralela a muchas otras que se encuentran en el Antiguo Pacto. Job, fue otro hombre semejante. La historia registra que los hijos del patriarca Job se corrompieron sobre manera, y por esta razón, Dios se encendió en ira contra ellos y le permitió a Satanás que los destruyese. David corrió por el mismo camino, después que el rey David pecó con Betsabé, y mandó a matar a Urías heteo, sus hijos marcaron una vez más los mismos pasos de la historia.

El Sacerdote Elí, del mismo que hemos estaba hablando en las líneas anteriores, este hombre fue desechado por razones semejantes a las del profeta Samuel. ¿Y qué diremos de Salomón? Todos estos grandes personajes de la Biblia, parecieran que fueron medidos con el mismo cordel y cortados con la misma tijera; todos ellos, por razones similares. Pero la que más me llama la atención es, que sus esposas e hijos eran demasiados, por lo que les era imposible tener control de ellos; y para que un hombre de Dios cumpliera con su llamado divino, habría de ser ejemplo de los demás, él, y toda su casa.

Razón por la cual el apóstol Pablo escribe a Tito y Timoteo, refiriéndose al nuevo establecimiento de los nuevos obispos, ancianos o pastores conforme al Nuevo Pacto. Primero, el apóstol manda a los acianos y obispos, abandonar o dejar, el resto de mujeres, después de quedarse con una. La historia registra que en los tiempos de Jesús y Pablo, era muy común lo que se conoce como poligamia; por esta razón, Pablo les dice que el que desee ser obispo buena cosa desea, pero que ya no se les permitiría tener más de una mujer, o esposa (Ti 1:5; 1Tim 3:1ss).

La recomendación de Pablo reza de la siguiente manera: *"El que desee obispado buena cosa desea, pero es necesario que el obispo sea marido de una sola mujer"*. Mi pregunta es, si Pablo viniera a una de nuestras iglesias y se parase frente a nosotros con estas mismas palabras, lo primero que todo mundo diría es, que aquí, en Estados Unidos, México, Centro y Sur América, nadie tiene más de una mujer bajo su mismo techo, ni mucho menos, en la iglesia. De manera que, todas estas expresiones tienen un por qué, y un para qué, una causa, y un efecto, un sentido teológico, y un sentido cultural.

Así que si Pablo viniera a nuestras iglesia del área metropolitana, no tendría razón para decir que los hermanos que deseasen ser ministros o pastores, fuesen maridos de una sola mujer, estaría fuera de contexto; pero en sus tiempos, se daba la costumbre que los judíos tenían las mujeres o esposas que pudieran mantener o comprar. Había ocasiones en que esas mismas mujeres, se congregaban todas, en la misma sinagoga (iglesia), a la par de sus maridos. Razón por la cual el apóstol pablo les habla de quedarse solamente con una mujer, si es que en verdad deseaban ser obispos, o ancianos.

Todo esto tiene también una causa, y es ahí donde nos remontamos a los primeros padres o sacerdotes del Antiguo Testamento, tales como: Elí, Job, Samuel, David, Salomón, etc. Todos estos hombres forman parte del viejo y defectuoso o vergonzoso fundamento; hombres que por tener muchos hijos a causa de las tantas mujeres, no pudieron cuidar ni de su propia casa, mucho menos, de la viña del Señor.

Ante este reto de establecer un nuevo sacerdocio, más firme y duradero, Pablo manda a los aspirantes, a no tener más de una sola mujer, para que no se llenen de hijos, y que teniendo tantos como Elí, Job, Samuel, David, Salomón, etc., no puedan cuidar de ellos, refiriéndose a sus propios hijos.

Es por eso que Pablo expresa las siguientes palabras y dice: es necesario que el obispo cuide o gobierne bien su casa, que tengan sus hijos en sujeción y no sean causa de disolución (1Tim 3:4; Ti 1:6).

CAPÍTULO
CUATRO

EL JOVEN DAVID

"Dijo Jehová a Samuel: ¿Hasta cuándo llorarás a Saúl, habiéndolo yo desechado para que no reine sobre Israel? Llena tu cuerno de aceite, y ven, te enviaré a Isaí de Belén, porque de sus hijos me he provisto de rey. Y dijo Samuel: ¿Cómo iré? Si Saúl lo supiera, me mataría. Jehová respondió: Toma contigo una becerra de la vacada, y di: A ofrecer sacrificio a Jehová he venido. Y llama a Isaí al sacrificio, y yo te enseñaré lo que has de hacer; y me ungirás al que yo te dijere."
1 Samuel 16:1-3 (Reina-Valera 1960)

Alguien dijo que el dilema no estaba en llegar sino en saber llegar. Esta expresión se pudiera aplicar también al llamado de Dios; porque no consiste tanto en cumplir o responder al llamado, sino en saber cumplir y responder de la manera correcta, empezar, y culminar con eficacia.

DAVID RECIBE LA UNCIÓN

(1Samuel 16)

David fue ungido cuando apenas era un jovencito de diecisiete años de edad (según comentarios), pero su reino fue confirmado hasta que terminó con la vida del gigante Goliat. La historia relata que el filisteo incircunciso desafiaba al joven con sus palabras, pero David no se dejó intimidar; corrió de inmediato a la línea de batalla, y clavándole una piedra en su frente dio muerte al paladín, y tomando David la espada del filisteo, le cortó la cabeza y lo exhibió públicamente. Al ver la sagacidad y la valentía de aquel joven, el pueblo se aglomeró, y sorprendido por sus hazañas lo eligieron rey de toda la nación.

La historia se repite constantemente a través de los años, y en los tiempos críticos, cuando parece que todo se termina como sucedía con la nación de Israel <u>cuando</u> estaba a punto de ser presa de sus enemigos, Dios aparece de repente, y le muestra a los hombres que no es con sus fuerzas ni por sus sacrificios sino por su gracia; y es ahí, donde Dios vence lo más grande, con lo más pequeño; las muchas armas, con una sola resortera, los muchos aviones de guerra, con un solo piloto, a los más fuertes, con lo más débil, a lo intelectual, con lo más ignorante, y a lo más célebre con lo más vil.

Y aquí se cumplen nuevamente las palabras del apóstol pablo a los corintios: *"A fin de que nadie se jacte en su presencia"*. A eso se le conoce <u>también</u> como, unción de gracia. David recibió esa unción; y se pudiese aplicar además como, *"La unción del menor esfuerzo".* Es ahí donde el hombre usa lo poco para alcanzar lo mucho, con lo más débil, vence a lo más fuerte, con la aguijada de un burro es capaz de matar a mil filisteos, etc. Bajo la unción de la ley era totalmente diferente, la ley demandaba fuerzas, requisitos humanos, estatura, físico, etc., pero Dios venía mostrando, aunque de forma indirecta, aquella unción que se derramaría en el período de la gracia, ya no por meritos humanos ni por los requisitos que demandaba la ley, sino por la fe en aquel que habría de venir. Pablo lo refiere de la siguiente manera: *"Para que sea por gracias y no por obras...".* *(Rom11:16)*

Así que no cabe duda que David sea un reflejo o una sombra de los que habrían de ser ungidos según la gracia, donde además encontramos a un Pedro que era del vulgo, un Pablo que había sido un perseguidor según la ley (razón por la fue descartado por los griegos concerniente a su apostolado), pero en su carta a los corintios se expresa de la siguiente manara: *"Que no sabéis que lo necio del mundo escogió Dios para avergonzar a los sabios, lo vil del mundo, lo menospreciado, lo que no es...".(1Cor 1:27-28) ¿Recibisteis vosotros el evangelio por la sabiduría de los griegos o por la predicación de la palabra?(1Cor 1:5).*

DAVID REPRENDE LAS VOCES TENEBROSAS

(1Samuel 17:28)

Hay voces dulces, amables, apacibles, agradables, suaves y atractivas; pero también hay voces tenebrosas que causan terror, o miedo. Ese tipo de palabras en los oídos de algún joven carente de la armadura de Dios, sin descernimiento y sin dominio espiritual, son capaces de estropear o neutralizar su intención y deseo. Esas voces han sido la causa y el fracaso de muchos ministerios juveniles, que en estos precisos momentos y en pleno siglo veintiuno, descansen o reposen en la tumba del fracaso y del olvido.

Dios aparece de repente, y le muestra a los hombres que no es con sus fuerzas ni por sus sacrificios sino por su gracia; y es ahí, donde Dios vence lo más grande, con lo más pequeño.

Voces como: ¡Eres a penas un muchacho! ¡Nunca has peleado con gigantes! ¡A caso no te conocemos la malicia! ¿Por qué mejor no te quedaste con aquellas pocas ovejas que dejaste en el corral? ¡Ya veremos cómo te va con ese gigante! A demás: ¡Quién te ha llamado aquí! ¡Qué no ves que ni tan siquiera has ido al seminario! ¿Sabes exactamente bien a lo que te estás metiendo? ¡Qué no ves que ese gigante es un hombre de guerra y tú a penas un muchacho! Etc. Una de esas voces fueron las que se escucharon de los labios de los hermanos de David.

El rey Saúl fue otro que se dejó contaminar sus labios por esas vocecitas tenebrosas, que desalientan a los jóvenes, que a pesar de no tener las oportunidades que tienen otros, ¡con todo eso!, se atreven a desafiar las circunstancias o cualquier gigante que se ponga por delante.

Lo que menos quisieron los hermanos de David, el rey Saúl y aun, el mismo Goliat, fue pensar en las victorias y los milagros que Dios había hecho por manos de aquel muchacho; los hermanos vieron primero la malicia antes que la crema y el queso que les llevaba en su saco pastoril, para que se fortalecieran y siguieran luchando, porque el orgullo, la autosuficiencia y la arrogancia miran los defectos antes que las virtudes, miran el error antes que el talento, las cosas superficiales antes que las espirituales, lo perecedero antes que lo eterno, etc., a este tipo de personas el apóstol Pablo les llama, "carnales", porque andan en la carne y no en el espíritu.

Luego que estos hombres terminaron de hablar, David se remonta a la historia de su vida y les responde con estas palabras: *"Mi Dios me ha enseñado como matar osos, lobos, leopardos, leones y toda clase de fieras salvajes ¿Será este incircunciso filisteo más que uno de ellos?* Si seguimos parafraseando en derredor de estas expresiones, soy capaz de pensar en las palabras que cruzaban por la mente de aquel jovencito: ¡Si le pongo atención a sus palabras de mis hermanos, jamás lograría ni siquiera enlistarme en el ejército israelí! ¿Cuánto más llegar a ser un rey? Si presto oído a sus vocecitas carnales, corro el riesgo de terminar lloriqueando como un niño recién nacido, quizá inmóvil, tembloroso, apático, inerte, artrítico y paralitico, etc., voy a demostrarles a estos carnales que no es con espada ni con ejecito, sino con el Espíritu de Dios.

EL CAYADO Y LAS PIEDRAS

(1Samuel 17:40)

La vara es análogo o aplicable a: justicia, medida, balance, plomada, equilibrio, reflexión, miramiento, consideración, etc. Antes de cualquier reacción, intransigencia o resistencia, habría que detenerse un momento y, pensar o reflexionar. El apóstol Pablo recomienda a la iglesia de los gálatas en su carta y dice: *"considerándote a ti mismo, no sea que tú también seas tentado" (Gal 6:1).* *"Considera lo que digo y el Señor te dé entendimiento..." (2Tim 2:7)*

El considerarse así mismo es echar una mirada a nuestra condición o capacidades, esto nos conduciría a la escena del presente pero también a la historia. Como lo explique antes, eso mismo parece haber pasado con David cuando enfrentó a Saúl y sus hermanos, las palabras de David se pudieran aplicar a: ¿A poco no me acuerdo cuando Dios me dio el poder para desgarrar al oso? ¿A caso no me acuerdo cuando Dios me dio el poder para matar leones? Etc. Luego se dirigió al frente de batalla y le dio muerte al filisteo.

Si continuamos con la vara, es además tipo de Cristo. Cuando se habla de la vara en el pasaje de Isaías capítulo once, se refiere a la aparición y al reinado de Cristo; de manera que la vara es también simbolismo de justicia, fe, redención, santificación, etc., todo esto es un complemento de elementos o virtudes que jamás serán posibles sin Cristo. La vara de Moisés, la vara de Aarón, la vara de Eliseo, etc., todos esos son pasajes paralelos que nos conducen a Cristo.

EL LLAMADO

No se trata de ser llamado por Dios sino de cumplir su llamado. Alguien dijo que el dilema no estaba en llegar sino en saber llegar. Esta expresión se pudiera aplicar también al llamado de Dios; porque no consiste tanto en cumplir o responder al llamado, sino en saber cumplir y responder de la manera correcta, empezar, y culminar con eficacia. Porque como dijo alguien por ahí: el detalle no está determinado en cómo comienzas, sino en cómo terminas. Y hay algo más que parece ser común entre los llamados, que son mucho los que comienzan pero son muy pocos los que terminan.

ELÍAS Y ELISEO

En conclusión: Dios hace un llamado a los jóvenes del siglo veintiuno a tomar el ejemplo del profeta Eliseo. Eliseo tenía tres características muy importantes que son indispensables para alguien que anhela o espera ardientemente el llamado de Dios: una, tenía los pies en el surco, dos, las manos en el arado, y tres, la vista al frente. Ésta es una actitud que debería de tener todo aquel que está esperando ser llamado por Dios.

Si por ahí existe alguien que tenga esa cualidad, en éste preciso momento quisiera decirte que Elías está por llegar. No te impacientes, porque a lo mejor viene ya por la parcela que limita con la tuya, lo único que necesitas es, estar dispuesto a quemar el arado y acabar con la tradición de una vez por todas. Elías puede ser aplicable a: el intermedio, el contacto divino, el punto de referencia, el guía espiritual, el consejo o el conocimiento que necesitas, el que soporta, el apoyo, el camino o el medio para llegar al río Jordán donde tu llamado será confirmado, afirmado y respaldado por el poder de Dios; y una vez que recibas el manto, tipo del poder y el compromiso con Dios, úsalo, pero úsalo bien.

A través de la historia hemos podemos ver y aprender de muchos hombres que hicieron lo bueno, y también hicieron lo malo. Aunque ambos recibieron el llamado, pero cada uno fue particular en su desarrollo; unos comenzaron bien y terminaron mal, otros comenzaron mal, y terminaron bien; pero cada uno de ellos nos deja una lección ya sea espiritual, o moral, para que nosotros los ministros del siglo <u>presente,</u> seamos más eficaces en el desarrollo de cada llamamiento.

Eliseo tenía tres características muy importantes que son indispensables para alguien que anhela o espera ardientemente el llamado de Dios: una, tenía los pies en el surco, dos, las manos en el arado, y tres, la vista al frente.

Quizás tú estés pensando en que estos hombres eran personas con características especiales o sobrenaturales, pero lo cierto es que eran hombres normales como nosotros. Si estudiamos el trasfondo histórico de cada uno de ellos, nos damos cuenta que a pesar que llegaron a ser grandes delante de Dios, fueron hombres imperfectos, que cometieron errores, mintieron, se equivocaron más de una vez, algunos adulteraron, otros cometieron grandes crímenes, infidelidades, atrocidades, etc. Fueron hombres con defectos pero tenían una <u>característica</u>: sabían humillarse delante de Dios, aceptaron la disciplina, se levantaron e hicieron uso de la gracia de Dios aun, viviendo en los tiempos de la ley.

EL LLAMADO DE MOISÉS

El llamado de Moisés fue muy exclusivo con rela-

ración para muchos predicadores. En lo personal he sido inspirado e impactado mientras he leído el libro de Éxodo; pero lo que me ha llamado más la atención es, el modelo o el carácter de Moisés impregnado en Josué. Dios mismo afirma en el libro de Josué, y lo refiere con estas palabras: *"Solamente esfuérzate y sé muy valiente, para cuidar de hacer conforme a toda la ley que mi siervo Moisés te mandó; no te apartes de ella ni a diestra ni a siniestra, para que seas prosperado en todas las cosas que emprendas". (Josué 1:7).*

Es impresionante pensar en la forma de como este hombre fue capaz de influenciar profundamente en la vida del joven Josué, <u>engendrando</u> en él un espíritu de liderazgo tremendo; era tan poderoso que aun cuando Moisés muere, los ánimos y la valentía de Josué nunca decayeron, estuvo dispuesto a cruzar el río Jordán en tiempos de invierno y aun, cuando los pies de sus valientes se mojaban y se anegaban de lodo (porque el río solía desbordarse en el tiempo de la siega). Pero el joven Josué no se detuvo. Cruzó el Jordán, destruyó a sus enemigos, y tomó la tierra por heredad.

Josué fue un hombre muy poderoso, pero todas sus victorias son también el esfuerzo y la dedicación y la sabiduría de un líder que le prestó atención, lo instruyó, lo amó y lo educó, a tal grado que lo convirtió en el primer modelo de los conquistadores hasta el día de hoy. Así que admiro a Josué, pero también pienso en el modelo que tuvo como ejemplo, Moisés. De tal manera que así como Pablo necesitó a un Gamaliel conforme a la ley, y a un Ananías conforme a la gracia, también Josué necesitó de un Moisés para llegar a la cumbre. Como Eliseo necesitó a Elías, y Timoteo necesitó de

ración para muchos predicadores. En lo personal he sido inspirado e impactado mientras he leído el libro de Éxodo; pero lo que me ha llamado más la atención es, el modelo o el carácter de Moisés impregnado en Josué. Dios mismo afirma en el libro de Josué, y lo refiere con estas palabras: *"Solamente esfuérzate y sé muy valiente, para cuidar de hacer conforme a toda la ley que mi siervo Moisés te mandó; no te apartes de ella ni a diestra ni a siniestra, para que seas prosperado en todas las cosas que emprendas". (Josué 1:7).*

Es impresionante pensar en la forma de como este hombre fue capaz de influenciar profundamente en la vida del joven Josué, <u>engendrando</u> en él un espíritu de liderazgo tremendo; era tan poderoso que aun cuando Moisés muere, los ánimos y la valentía de Josué nunca decayeron, estuvo dispuesto a cruzar el río Jordán en tiempos de invierno y aun, cuando los pies de sus valientes se mojaban y se anegaban de lodo (porque el río solía desbordarse en el tiempo de la siega). Pero el joven Josué no se detuvo. Cruzó el Jordán, destruyó a sus enemigos, y tomó la tierra por heredad.

Josué fue un hombre muy poderoso, pero todas sus victorias son también el esfuerzo <u>y</u> la dedicación y la sabiduría de un líder que le prestó atención, lo instruyó, lo amó y lo educó, a tal grado que lo convirtió en el primer modelo de los conquistadores hasta el día de hoy. Así <u>que</u> admiro a Josué, pero también pienso en el modelo que tuvo como ejemplo, Moisés. De tal manera que así como Pablo necesitó a un Gamaliel conforme a la ley, y a un Ananías conforme a la gracia, también Josué necesitó de un Moisés para llegar a la cumbre. Como Eliseo necesitó a Elías, y Timoteo necesitó de

un Pablo; de alguna manera, cada aspirante o cada soñador que anhela alcanzar el éxito, necesita de alguien
para lograr o cumplir su sueño.

CONCLUCIÓN

No te preocupes, todos tenemos anhelos; pero si para estos hombres Dios tenía a alguien para enseñarlos y auxiliarlos, Dios también ha preparado a alguien para ti. Quizá tengas que buscarlo o preguntar por él; quizá tengas que invitarlo a comer o desprenderte de algo que has amado por mucho tiempo, para conquistar tu bendición como lo hizo Eliseo; o a lo mejor tengas que buscar a Dios en oración como Daniel, o rendir tu orgullo y ser doblegado como sucedió con Saulo, y de esa forma encontrar a un Ananías y ser liberado de las escamas que estorbaban tu visión, pero no importa; lo que tengas que hacer, hazlo; tu meta es, encontrarlo.

¿Quién será tu Ananías? ¿Quién será tu Gamaliel? ¿Quién será tu Elías? ¿Dónde estará el Pablo que tú necesitas? ¿Quién será tu Moisés?, etc. En algún lugar esta, pero ten por seguro que el hombre que tú necesitas para cumplir tu sueño y lograr tus metas, está en algún lugar, Dios lo tiene apartado para ti; tu contacto divino está en algún lugar de la tierra, para ayudarte a cumplir con tu llamado, y cuando lo encuentres, por favor has lo mismo que el patriarca Jacob: "No lo dejes ir, sino hasta que te bendiga".

Tiempo me restaría para hablar de las virtudes y hazañas de los hombres como: Abisai, hijo de Sarbia, los tres valientes de David, Eliazar, Benaias, Sama, Aod, Daniel, los jóvenes hebreos, Nehemías, el joven Timoteo, etc.

MINISTERIO JUVENTUD DE IMPACTO

(SERVICIO, DECISION, Y DETERMINACION)

El joven evangelista Álvaro Centeno, nacido en El Salvador; residente en los Estados Unidos de América; fundador del Ministerio Evangelistico: "Juventud de Impacto". Con una colección de videos y predicaciones extraordinarios; es también el autor del libro: "Jóvenes que desafían el menosprecio".

Nuestra misión y nuestra devoción es instaurar en la conciencia juvenil un corazón decisivo; una pasión por conocer la verdadera razón por la que vivimos, y perduramos.

El Dios que fortaleció a Sadrac, Mesaac y Abenego en medio de una nación pagana, que sin escrúpulo y sin pudor corrompía deliberadamente los mandamientos y las ordenanzas de Dios, ese mismo estuvo con ellos para fortalecerlos. Por lo que estos tres jóvenes hebreos se mantuvieron firmes y sin doblegarse ante las contrataciones de sus enemigos.

Sin duda alguna y a pesar de las oposiciones del imperio, estos jóvenes tenían un lema que los representaba:

Servicio, Decisión, y Determinación.

PARA PEDIDOS Y INVITACIONES
Email: alvarocenteno44@yahoo.com
Teléfono.240-421-2478